Como organizar sua vida financeira

Gustavo Cerbasi

Como organizar sua vida financeira

Inteligência financeira pessoal na prática

coleção Expo Money

Coordenação
Gustavo Cerbasi

ELSEVIER

CAMPUS

Copidesque: Cláudia Amorim
Revisão: Andréa Campos Bivar e Jussara Bivar
Editoração Eletrônica: Estúdio Castellani

Elsevier Editora Ltda.
Conhecimento sem Fronteiras
Rua Sete de Setembro, 111 – 16º andar
20050-006 – Centro – Rio de Janeiro – RJ – Brasil

Rua Quintana, 753 – 8º andar
04569-011 – Brooklin – São Paulo – SP – Brasil

Serviço de Atendimento ao Cliente
0800-0265340
sac@elsevier.com.br

ISBN 978-85-352-2418-4

Nota: Muito zelo e técnica foram empregados na edição desta obra. No entanto, podem ocorrer erros de digitação, impressão ou dúvida conceitual. Em qualquer das hipóteses, solicitamos a comunicação ao nosso Serviço de Atendimento ao Cliente, para que possamos esclarecer ou encaminhar a questão.

Nem a editora nem o autor assumem qualquer responsabilidade por eventuais danos ou perdas a pessoas ou bens, originados do uso desta publicação.

CIP-Brasil. Catalogação-na-fonte
Sindicato Nacional dos Editores de Livros, RJ

C391c Cerbasi, Gustavo, 1974-
Como organizar sua vida financeira : inteligência financeira pessoal na prática / Gustavo Cerbasi. – Rio de Janeiro : Elsevier, 2009 – 4ª reimpressão.
il. -(ExpoMoney)

ISBN 978-85-352-2418-4

1. Finanças pessoais. I. Título. II. Série.

09-1908. CDD: 332.024
CDU: 330.567.2

A Adriana, minha eterna inspiração, que vem me ajudando a construir uma vida muito rica, e também com muito dinheiro.

Prefácio

O planejamento financeiro pessoal é a cada dia mais relevante na vida das pessoas, é perceptível a diferença entre aqueles em paz com o seu bolso e os que lutam para esticar o salário e chegar ao fim do mês. Certamente Gustavo Cerbasi é um dos grandes responsáveis pelas transformações de diversas pessoas e famílias no Brasil em poupadores e investidores, pois com sua didática consegue nos orientar para uma vida financeira melhor.

Como Organizar sua Vida Financeira é mais que um guia de planejamento financeiro, na verdade ele consegue fazer com que tenhamos uma vida melhor, mais próxima da família, dos amigos, do trabalho, dos estudos, enfim, do equilíbrio das nossas relações com o dinheiro e o trabalho, do nosso impulso de gastar sem critério e objetivos.

Vejo muitas pessoas adiando a realização dos seus sonhos, dizendo que nunca vão conseguir sair do ponto onde estão, que a vida é injusta com elas, que não têm sorte, que não têm dinheiro, que não têm oportunidade, que ninguém as ajuda, que o mundo é cruel, enfim, uma lista enorme de razões para não fazer nada para o próprio futuro. O exemplo pessoal do Gustavo demonstra claramente que é possível se alcançar a tão sonhada independência financeira mesmo ainda sendo jovem, sem ter qualquer privilégio ou benesse, bastando para isso ter determinação, força de vontade e bons exemplos a serem seguidos.

O sucesso não se mede somente pelo saldo bancário, pela sua posição social, pelo em carro que anda, pela casa em que vive, pelos bens que possui. O sucesso é um sinônimo da felicidade, logo para ser feliz você precisa amar a vida e aquilo que faz dela. O amor não tem preço, logo ser feliz depende de você mesmo.

Desejo que você, leitor desta obra, tenha em mente que o sucesso, seja ele qual for, só depende da sua atitude de hoje, e que nunca é tarde para buscar a felicidade.

Boa leitura!

Robert Dannenberg
Presidente
www.expomoney.com.br

Sumário

Coleção EXPO MONEY

Introdução

Por que organizar sua vida financeira? A resposta é simples: para que você tenha maior controle sobre seu dinheiro, maior consciência sobre suas escolhas e maior eficiência no uso de sua renda. Se você se sente financeiramente equilibrado mesmo sem praticar conscientemente sua organização financeira, talvez se pergunte se vale a pena dedicar tempo a uma nova rotina de controles pessoais. Afinal, controlar exige tempo; tempo é escasso e tem grande valor nos dias de hoje. Será que vale a pena investir um recurso tão escasso apenas para melhorar nosso sentimento de segurança? Será que essa melhoria nos dá prazer maior do que aquele que teríamos ao dedicar nosso tempo a atividades de lazer?

Antes que você desista do que procurava ao começar a ler este livro, vamos direto ao ponto. Quanto mais você aperfeiçoar sua organização financeira, menos dúvida terá na hora de fazer escolhas de consumo, investimento e realizações pessoais, e mais eficientes serão essas escolhas. Além disso, quanto mais você exercitar sua organização financeira, mais disciplinada será sua vida e, com isso, mais organização você terá em outros níveis. Por exemplo, será mais fácil se lembrar de datas importantes que acontecem todos os anos. Em meu livro *Casais inteligentes enriquecem juntos* (São Paulo: Editora Gente, 2004), defendo a ideia de que um casal jamais cairá na rotina se souber assegurar uma verba para atividades que lhes permitam sair da rotina. Difícil não é o relacionamento, mas sim a disciplina necessária para assumir certas regras de convivência.

Este livro nasce com dois objetivos. O primeiro deles é ajudar você, leitor, a ter maior consciência sobre suas escolhas financeiras, incluindo sua rotina de gastos básicos e gastos eventuais, seu uso do crédito, seus investimentos e escolhas de bem-estar e segurança. Ao usar melhor seu dinheiro, você terá uma vida mais rica. Então, sem meias palavras: meu primeiro objetivo é tornar cada leitor mais rico a partir do desfrute deste texto. O segundo objetivo é levar a um número maior de pessoas uma bem-sucedida filosofia de vida e de trabalho que transmiti a centenas de famílias enquanto o atendimento individual era viável em meu escritório. O sucesso de meus livros passou a consumir minha agenda e me trouxe a oportunidade de levar a educação financeira às massas, por meio de novos livros. Hoje, pelo preço de um livro, você recebe preciosas informações que antes eram obtidas por poucos, em atendimentos a preços menos acessíveis. Espero que Deus me abençoe com a didática necessária para tornar esta leitura tão eficiente quanto o atendimento pessoal.

Ao longo da leitura deste livro, você encontrará orientações para consumir mais, privar-se menos, aproveitar melhor suas oportunidades de crédito, equilibrar suas dívidas, selecionar produtos financeiros para sua segurança, investir com correção, segurança e disciplina e equilibrar suas decisões financeiras para uma vida com mais realizações.

Você tirará melhor proveito do livro se utilizá-lo como um manual, anotando os pontos que você acredita que devem ser colocados em prática e depois retomando a leitura dos trechos que motivaram tais anotações. Entenda que, a partir desta leitura, a rotina de organização de sua vida financeira deverá mudar; assim, assuma a postura de mudança. A cada capítulo, proponho uma série de iniciativas a serem colocadas em prática – a maioria delas muito simples de serem executadas. Tenha à mão um caderno ou bloco de notas para transcrever suas reflexões, assumir compromissos com você mesmo ou até para anotar dúvidas para futura pesquisa. Os capítulos a seguir estão estruturados segundo grandes temas das finanças pessoais, a fim de facilitar as futuras consultas a suas anotações. Apesar disso, recomendo que você evite ir direto ao ponto de sua necessidade; leia os ensinamentos deste texto na íntegra e, depois, com uma visão completa do que você precisa mudar em sua rotina, volte a ler o que mais lhe interessa para conseguir efetivar a mudança.

Por exemplo, digamos que o leitor está em busca de solução para seu endividamento, que se encontra totalmente fora de controle. O Capítulo 7 é dedicado especificamente a atender a essa necessidade. Porém, a leitura dos capítulos que o antecedem é recomendada, pois, ao fazê-la, o leitor entenderá que a situação de grave endividamento surgiu de más escolhas feitas em sua organização pessoal e nos momentos de consumo.

Nas próximas páginas, serei seu consultor financeiro pessoal. Como não poderia ser diferente, meu desejo é que este texto o ajude a melhorar de vida. Foi com as ideias aqui transcritas que obtive muitas conquistas pessoais, e minha forma de agradecer foi multiplicá-las com o maior número de pessoas possível. Comecei como consultor e hoje o faço como escritor. Espero o mesmo de você: divida este conteúdo com pessoas que você sabe que precisam de um norte em relação a escolhas financeiras.

Sucesso na transformação de sua vida!

CAPÍTULO 1

Autoconhecimento: o passo mais importante

Quando um cliente procura um consultor financeiro pessoal em busca de respostas, o que ele encontra, logo de cara, é um monte de perguntas, nada de respostas. A primeira etapa do trabalho de orientação financeira de uma família é o diagnóstico da sua situação financeira. As primeiras duas ou três horas de atendimento são as mais importantes de todo o processo, pois é nestas que identificamos quão desequilibrada está a situação econômico-financeira da família.

O que costuma parecer um simples bate-papo é, na verdade, uma forma descontraída de o consultor ganhar a confiança de seus clientes e utilizar perguntas-chave que permitirão formar um retrato das finanças da família. Com perguntas do tipo "o que vocês fazem com o dinheiro que ganham?" e "quais são seus planos para os próximos anos?", os clientes são convidados a refletir sobre algo que é a essência econômica de sua vida, mas para o qual nunca haviam sido solicitados a pensar a respeito. As respostas às perguntas passam, então, a ser o insumo para a elaboração de um planejamento financeiro pessoal/familiar para os próximos anos, visando conduzir essa família ao equilíbrio financeiro.

Você sabe se está em equilíbrio?

Para que você faça seu próprio planejamento, é hora de arregaçar as mangas e começar a realizar o que um consultor faria por você. Para identificar seu ponto de equilíbrio financeiro, não basta saber se o dinheiro que você ganha dá para pagar as contas. Leve em consideração que sua vida será mais longa do que sua carreira (ninguém quer trabalhar até o último dia de vida) e que a evolução da medicina pode levá-lo ainda mais longe do que imagina. Ignorar isso é um risco, pois pode obrigá-lo a trabalhar para sempre, se é que você conseguirá manter sua empregabilidade até o final da vida.

Há diversas interpretações para o conceito de equilíbrio financeiro, e as que adotamos são obtidas pelos cálculos a seguir. Vamos ao diagnóstico. Anote as informações solicitadas nos espaços indicados ou em uma folha à parte. Tenha em mãos uma calculadora.

Qual é a sua idade hoje?	_______________ anos (A)
Qual é a idade prevista para sua aposentadoria?	_______________ anos (B)
Qual é o prazo para sua aposentadoria, em anos?	________ anos = (B) – (A)
Qual é a sua renda média mensal?	R$ _______________ (C)
Qual é o gasto médio mensal de sua família?	R$ _______________ (D)
Qual é o valor aproximado total de seus investimentos?[1]	R$ _______________ (E)

Para avaliar o que seria a situação de equilíbrio financeiro desejável para seu padrão de vida/consumo e para sua idade, precisamos de uma importante informação: a ***rentabilidade líquida*** anual obtida por investimentos conservadores. Entenda por investimentos conservadores aqueles em que você alocaria seus recursos poupados para o longo prazo, pensando em segurança e certeza de ganhos, sem negligenciar a orientação de especialistas (como seu gerente de banco).

[1]Casa, automóvel e outros bens que estejam sendo utilizados, isto é, consumidos por você e sua família, não devem entrar na conta do valor de seus investimentos.

Repare nestas duas importantes definições:

- **Rentabilidade Bruta:** é aquela que você obtém após pagar os custos do investimento ou as taxas de administração de um fundo, mas antes de pagar o Imposto de Renda (IR) e de abater a inflação do período. No caso de fundos, é a rentabilidade divulgada nos relatórios do banco ou da corretora.
- **Rentabilidade Líquida:** é aquela obtida após descontar, da rentabilidade bruta, o Imposto de Renda devido no resgate e a taxa de inflação do período medido.

Exemplo: Se um investimento render 10% ao ano, descontando-se o IR de 15% e a inflação de 4% ao ano, teremos rentabilidade líquida de 4,5%.[2]

Em geral, a rentabilidade líquida de investimentos conservadores costuma estar entre 3% e 6% ao ano. Com boa orientação e diversificação, e incluindo em sua carteira de investimentos fundos de renda fixa, imóveis e uma pequena parcela de ações (lembre-se: estamos tratando de investimentos conservadores), você não terá grandes dificuldades para obter ganhos líquidos de até 8% ao ano. Se tiver dúvidas em relação ao cálculo dessa informação, solicite ajuda a seu gerente de conta no banco ou a alguém com conhecimentos básicos em economia.

Qual a rentabilidade líquida de seus investimentos? _____% ao ano

Com as informações que você listou e a estimativa para a rentabilidade líquida de investimentos conservadores, o próximo passo é calcular os indicadores a seguir, que determinam minha recomendação para a situação ideal de seu caso. A título de exemplo para cada indicador, utilizarei um conjunto hipotético de informações obtido a partir de uma média aproximada entre os clientes que atendi nos últimos anos. Estes serão os dados pessoais informados pelo Sr. DaSilva:

---

[2] O cálculo é o seguinte: (Rentabilidade – Tributação) – Inflação Anual =
= (10% – 15% × 10%) – 4%=
= (10% – 1,5%) – 4% = 8,5% – 4,0% = 4,5%

Qual é a sua idade hoje?	35 anos (A)
Qual é a idade prevista para sua aposentadoria?	60 anos (B)
Qual é o prazo para sua aposentadoria, em anos?	25 anos = (B) – (A)
Qual é a sua renda média mensal?	R$6.000 (C)
Qual é o gasto médio mensal de sua família?	R$5.000 (D)
Qual é o valor aproximado total de seus investimentos?	R$100.000 (E)

Os indicadores de sua situação patrimonial são os seguintes:

1) Patrimônio Mínimo de Sobrevivência (PMS)

Ao contrário do que muitos pensam, seu equilíbrio financeiro não está em ter as contas em dia, sem dívidas atrasadas e sem investimentos. O equilíbrio desse tipo de situação é muito tênue e pode se desfazer diante de qualquer imprevisto. O Patrimônio Mínimo de Sobrevivência é aquele que você precisa ter para simplesmente poder dar um rumo a sua vida em caso de desemprego, doença ou planos frustrados em sua atividade de negócios. É com essa reserva que você manterá seu padrão de consumo até que as coisas se normalizem.

Tal reserva deve ser constituída por investimentos de liquidez, ou seja, por um patrimônio que não esteja sendo desfrutado por sua família, como sua moradia e seu automóvel. Se seu único patrimônio constitui-se de bens em situação de desfrute, lamento informar: eles foram adquiridos precocemente e são o principal fator de risco de sua vida financeira.

Mais do que uma fonte de renda de emergência, o PMS funciona como um estabilizador da família, permitindo escolhas conscientes e tranquilas em momentos que seriam desesperadores para a maioria das famílias. Minha recomendação é que seu PMS deveria se constituir em uma reserva financeira igual a seis vezes seu consumo mensal.

Com as informações pessoais descritas anteriormente, o cálculo do PMS é feito da seguinte maneira:

PMS = 6 × [Gasto Médio Mensal da Família (D)]

No caso do Sr. DaSilva, cujos gastos mensais são de R$5.000, o PMS recomendado é seis vezes 5.000, ou seja, R$30.000.

Recomendação: se você não tem uma reserva financeira equivalente a seu Patrimônio Mínimo de Sobrevivência, deve priorizar a criação dessa reserva acima das demais escolhas. Vale trocar o automóvel por um mais barato, vender bens que utiliza pouco ou até mesmo vender a casa para comprar uma mais barata.

2) Patrimônio Mínimo Recomendado para sua segurança (PMR)

Para estar financeiramente seguro, você precisa contar com reservas financeiras que lhe permitam escolhas profissionais e pessoais sem elevar o dinheiro a um grau de importância maior do que seus valores pessoais.

Muitos evitam ousar em suas carreiras por medo de não conseguirem sustentar o padrão de vida da família em caso de erro nas escolhas profissionais. Pelo mesmo motivo, outros não conseguem colocar seus sonhos pessoais em prática, como um curso de especialização ou mesmo de gastronomia, uma viagem em família ou a prática de um esporte apaixonante. Vai que, ao voltar de férias, alguém esteja ocupando o seu lugar? Parece que dar um tempo na carreira ou dedicar tempo a prazeres pessoais são decisões proibitivas no mundo corporativo em que a maioria dos profissionais está enjaulada.

Para diminuir o peso em sua consciência diante de atitudes ousadas, o ideal é que você tenha lastro para manter sua vida por vários meses, caso seu patrão ou o mercado não concordem com sua escolha pessoal. Chamado de Patrimônio Mínimo Recomendado para sua segurança, e com o mesmo raciocínio adotado para o PMS, esse lastro deve ser constituído por investimentos de liquidez, e não por itens de consumo da família. O PMR deve se constituir em uma reserva financeira igual a 12 vezes o consumo mensal de sua família, caso você esteja em uma situação de emprego estável (assalariado, com boa formação em sua área e boas condições de recolocação em caso de desemprego). Autônomos, assalariados sem vínculo empregatício (que trabalham como pessoa jurídica) e profissionais com reduzida empregabilidade deveriam ter um PMR equivalente a 20 vezes seu consumo familiar. Utilizando suas informações pessoais, o cálculo do PMR é feito da seguinte maneira:

PMR = 12 × [Gasto Médio Mensal da Família (D)], para boa empregabilidade

PMR = 20 × [Gasto Médio Mensal da Família (D)], para baixa empregabilidade

No caso do Sr. DaSilva, cujos gastos mensais são de R$5.000, o PMR recomendado está entre 12 e 20 vezes 5.000, ou seja, entre R$60.000 e R$100.000.

Recomendação: caso você já tenha reservas equivalentes ao Patrimônio Mínimo de Sobrevivência (PMS), não precisa priorizar a constituição do PMR acima das demais escolhas. Porém, sua constituição deve estar entre seus objetivos de médio prazo, vindo antes de férias, troca de casa ou carro e, principalmente, antes de iniciativas de montar um negócio próprio. Aliás, os recursos dessa reserva até podem ser considerados fundos para o capital de giro de um negócio próprio, porém somente acima do limite do PMS. Jamais esgote suas reservas de sobrevivência para tocar um investimento de risco, como um negócio próprio.

3) Patrimônio Ideal para sua idade e situação de consumo (PI)

Ter reservas suficientes para lhe assegurar a estabilidade de sua situação presente não quer dizer que você está com a situação financeira bem encaminhada. Se tiver patrimônio ao menos equivalente ao PMR recomendado, você está fazendo a coisa certa, mas pode ser que não seja suficiente. Ao longo de nossa carreira, é nossa obrigação – pena que não nos ensinam isso na escola – zelar pela construção de reservas financeiras suficientes para mantermos nossa família durante o período de redução ou esgotamento de nossa atividade profissional, ou seja, durante a aposentadoria. Por esse motivo, acredito que lhe pareça razoável supor que nossas reservas financeiras ideais aos 50 anos devam ser maiores do que as que seriam recomendadas para uma pessoa de 30 anos.

Por essa razão, existem várias teorias para estimar o Patrimônio Ideal (PI) para cada momento de nossa vida. Uma das teorias mais simples e utilizadas entre consultores financeiros mundo afora é a que sugere que, para estarmos no caminho certo de formação patrimonial, devemos ter acumulados 10% de nosso gasto familiar anual para cada ano de vida.

PI = 10% × [Gasto Médio Anual da Família] x Idade
PI = 10% × [12 × Gasto Médio Mensal da Família (D)] × Idade

Para o Sr. DaSilva, que aos 35 anos tem um gasto anual de R$60.000 (ou 12 vezes R$5.000 mensais), o PI seria de:

PI = 10% × [12 × R$5.000] × 35
PI = R$6.000 × 35 = R$210.000

Supondo que o Sr. DaSilva é um profissional ativo e que ainda está em processo de acumulação patrimonial, o Patrimônio Ideal para sua idade e situação de consumo é R$210.000, investidos em ativos de liquidez, ou seja, que lhe gerem renda e que possam ser movimentados para alternativas de investimento em caso de necessidade.

Esse é o valor patrimonial que indica que seu padrão de vida será pouco afetado se ele continuar trabalhando até completar cerca de 65 anos, supondo que, daí para frente, seus planos sejam consumir as reservas. O ponto fraco dessa estimativa é não considerar que o Sr. DaSilva pode viver muitos anos a mais do que o restante da população, o que levaria suas reservas a se esgotarem antes do final da vida.

Outra forma de entender o PI é estimar por quantos meses de desemprego você pode manter sua família, consumindo suas reservas. Se o número de meses for inferior a 12, você está aquém da situação ideal.

Recomendação: caso seu patrimônio seja inferior ao PI, você deve reduzir os objetivos de consumo e acelerar os objetivos de poupança, a fim de diminuir gradativamente o atraso. Outra opção é contratar um seguro de vida que assegure a sua família um prêmio equivalente a cerca de duas vezes esse valor em caso de morte ou invalidez, caso você seja o principal responsável pela renda familiar, pelos motivos que serão explicados detalhadamente no Capítulo 8.

4) Patrimônio Necessário para a Independência Financeira (PNIF)

Planejar o consumo de seu patrimônio durante sua aposentadoria pode ser um péssimo negócio, principalmente se você acredita na evolução da medicina e adota práticas de qualidade de vida que podem estender seu prazo de validade aqui na Terra. Se, por exemplo, seus planos incluem aposentar-se aos 65 anos e viver de seu patrimônio durante vinte anos, certamente estará arrependido caso chegue à idade de 85 e perceba que tem fôlego para mais 20 anos.

Por esse motivo, uma escolha cautelosa e defensiva é planejar-se para viver apenas dos rendimentos líquidos de seu patrimônio ou, então, dos rendimentos mais um pequeno consumo de suas reservas, calculando esse consumo para que as reservas durem até você completar 120 anos. Essa escolha é também mais trabalhosa, pois, para dar certo, você precisará ter um patrimônio bem maior do que o que seria necessário para acabar em alguns anos. Afinal, seu objetivo deve ser (ou, ao menos, deveria ser) manter seu padrão de consumo ao longo de seu viver. Sim, suas necessidades atuais de consumo diminuirão, mas tenho certeza de que você não desperdiçará a oportunidade de gastar excedentes financeiros com mais lazer, prazer e diversão.

Por isso, o indicador da situação patrimonial ideal para você nunca mais trabalhar na vida é o Patrimônio Necessário para a Independência Financeira (PNIF), que supõe que os gastos anuais familiares devem ser totalmente cobertos pelos rendimentos líquidos de investimentos conservadores. O PNIF é calculado da seguinte maneira:

PNIF = [Gasto Médio Anual da Família]/
Rentabilidade Líquida Anual de Investimentos

Supondo que o Sr. DaSilva obtém rendimentos líquidos da ordem de 8% de seu patrimônio por ano, seu PNIF seria, então, o seguinte:

PNIF = [12 × Gasto Médio Mensal da Família (D)]/8%
PNIF = [12 × R$5.000]/0,08 = R$750.000

Em outras palavras, se o Sr. DaSilva tivesse um patrimônio de liquidez de cerca de R$750.000, poderia deixar de trabalhar e passar a administrar seus rendimentos líquidos de 8% ao ano para assegurar o consumo mensal de R$5.000 de sua família. Repare, porém, que esse indicador depende diretamente de sua eficiência na gestão de seu patrimônio. Se, em vez de ganhos de 8%, o Sr. DaSilva não conseguisse mais do que 5% de ganhos anuais em sua carteira de investimentos, seu PNIF subiria para [12 x R$5.000]/0,05 = R$1.200.000. É uma diferença de quase meio milhão de reais para assegurar seu bem-estar, o que não pode ser desprezado.

Observação importante: PMS, PMR, PI e PNIF não são indicadores excludentes, ou seja, você não precisa ter a soma dos quatro indicadores para estar com a situação patrimonial equilibrada. Os indicadores sugerem necessidades diferentes, e sobrepõem-se de modo ao Patrimônio Mínimo para Sobrevivência fazer parte do Patrimônio Mínimo Recomendado, que, por sua vez, faz parte do Patrimônio Ideal, que, por sua vez, é uma fração do Patrimônio Necessário para a Independência Financeira.

Quando o equilíbrio está longe do ideal

Digamos que, em vez de ter reservas financeiras, sua situação financeira seja bem diferente, possuindo algumas dívidas das quais não consegue se livrar ou raramente conseguindo alguma sobra de recursos ao final do mês. Ou, então, seu salário praticamente empata com seus compromissos ou, com o pouco que sobra, você eventualmente troca de carro ou poupa sem maiores objetivos. Essas situações lhe parecem mais familiares? Se sim, você não está sozinho.

Menos de 5% das pessoas conseguem manter sua situação financeira dentro das recomendações de equilíbrio. O fato de parecerem utópicas para a maioria das pessoas não invalida as recomendações. Elas servem de referência para que você saiba o que deve perseguir a partir do momento em que decide cuidar mais seriamente de sua vida financeira.

Pessoas que praticam exercícios regulares e corretos estão entre os 5% da população com melhor condicionamento físico. Aqueles que adotam hábitos nutricionais balanceados estão entre os 5% mais saudáveis da população. Quem se planeja para dedicar tempo suficiente para sua família e seu lazer está entre os 5% mais felizes. Todos temos o direito de fazer escolhas, desde que saibamos o que fazer.

O propósito deste livro é conduzi-lo a uma situação de equilíbrio que hoje é desfrutada por uma minoria não necessariamente privilegiada. Não é preciso nascer em berço de ouro ou ganhar na loteria para compor reservas. A maior necessidade reside em escolher um padrão de vida compatível com o equilíbrio e em encontrar formas de satisfazer-se nesse padrão de vida. Muitos, entretanto, preferem ver sua felicidade naquilo que ainda não possuem, e fazem de sua vida uma eterna busca que resulta em problemas. No caso, os problemas são dívidas intermináveis e, muitas vezes, impagáveis.

Se, por acaso, todas as sugestões sobre níveis de patrimônio recomendados lhe parecem abstratas ou inalcançáveis, convido-o a refletir longamente sobre suas escolhas. Os capítulos seguintes o ajudarão nessa reflexão, mas é importante que você entenda que:

- Se você tem dívidas que o preocupam ou não tem condições de manter sua família por alguns meses em caso de desemprego, é sinal de que escolhas ruins no passado fizeram com que seu padrão de vida passasse a depender de dívidas. Ter dívidas não planejadas significa que você gasta mais do que ganha, e também que você está dando um passo atrás na construção de sua riqueza, gastando sua renda com juros, e não com consumo ou investimentos.
- Financiamentos e dívidas nos ajudam a antecipar sonhos, mas não se pode desprezar o fato de que, ao optar por realizar todos os sonhos por meio de financiamentos, você pagará muito mais por eles. Uma vida financeira repleta de dívidas faz com que você conquiste muito menos sonhos do que conquistaria com planejamento e disciplina.
- Ao consumir toda a renda que você ganha para manter seu padrão de consumo, você acredita que trabalhará até o último segundo de vida para manter seus gastos no futuro. É importante perceber que os ganhos que você tem hoje devem ser suficientes para mantê-lo tanto durante o mês atual quanto durante sua vida após a aposentadoria. Por isso, é essencial, para sua sobrevivência, que ao menos pequena parte de seus ganhos mensais seja poupada para o futuro.
- Aqueles que conseguem fazer poupança para objetivos de consumo de curto e médio prazos, porém não conseguem

viabilizar reservas financeiras específicas para sua segurança, ignoram que consumir toda sua reserva financeira em pagamentos iniciais (chamados de entradas), que originam novas dívidas, é uma maneira de reduzir gastos com juros, mas que cria uma sensação de eterna insegurança. O ideal é manter sempre uma reserva para mantê-lo durante alguns meses em caso de imprevistos.

Estar longe do equilíbrio pode não parecer uma situação dramática, já que você está com a maioria. Porém, é importante partir para a ação. Os capítulos seguintes o orientarão detalhadamente sobre diversos focos de ação, mas não deixe de tomar uma atitude já, para o caso de algum motivo maior o forçar a interromper a leitura antes do final. Reflita sobre seu orçamento, para eliminar gastos de menor relevância para sua família, e estabeleça objetivos de poupança.

O primeiro passo de qualquer planejamento financeiro é garimpar suas contas em busca de sobras de recursos. Investir mal é melhor do que não investir. Com o tempo e algum estudo, você começará a selecionar melhor suas alternativas de investimento e dará mais eficiência a sua poupança.

Caso mais pessoas dependam de você (esposa, marido, filhos, genitores) e suas reservas financeiras estejam bem aquém do Patrimônio Mínimo Recomendado, não deixe de estudar a contratação de um seguro de vida. Ao ler o Capítulo 8, você concordará que seguros não são luxo, e, sim, a garantia de que as condições básicas de dignidade de sua família estarão asseguradas mesmo quando o pior acontecer.

Se, por outro lado, fazer sobrar dinheiro for atualmente o seu maior desafio financeiro, o capítulo a seguir dará orientações e respostas a suas dúvidas e preocupações. Mais uma vez, mantenha à mão suas anotações e a calculadora.

Iniciativas para seu projeto pessoal

- Adote uma data anual para que você tire um tempo para organizar sua vida financeira. A data que sugiro a meus clientes é o dia de seu aniversário. Na agenda, ela aparece como dia da "Faxina nas Contas".
- Dentre as iniciativas agendadas para esse dia (que serão detalhadas ao longo do livro), inclua fazer um recálculo dos indicadores patrimoniais de equilíbrio PMS, PMR, PI e PNIF. Após os cálculos, reflita se você evoluiu em relação a eles.
- Se seu patrimônio não evolui como você gostaria, adote iniciativas, por escrito, para acelerar o processo. Algumas sugestões são:
  - Vender bens que estão fora de uso, para amigos ou em leilões virtuais.
  - Trocar de automóvel por um mais barato e econômico.
  - Substituir parte da formação de poupança por investimentos em cursos e especializações que possam elevar seu patamar de renda profissional.
  - Prestar serviços alternativos, como consultorias, aulas e palestras em sua área profissional, visando incrementar sua renda.
  - Se for autônomo ou profissional liberal, vincular-se a associações de classe, para aumentar seu networking e obter mais oportunidades de indicação de trabalho.

CAPÍTULO 2

Orçamento doméstico: organize o uso de seu dinheiro

É preciso ser taxativo: seu planejamento financeiro familiar não será eficiente se você não tiver equilíbrio orçamentário, o que se traduz em gastar menos do que ganha e investir a diferença com regularidade. Alcançar e manter o equilíbrio orçamentário mês a mês é fundamental para viabilizar a realização de seus sonhos, já que os sonhos têm custo.

Não é difícil detectar o desequilíbrio orçamentário ao analisar seu comportamento familiar de consumo. Se você tem o hábito de gastar enquanto o saldo no banco permite, a constatação é imediata: o uso do dinheiro em sua família é irresponsável, pois negligencia a necessidade de reservas no futuro. Se, por outro lado, você procura manter algum tipo de disciplina com os gastos ao controlar suas dívidas, mas não controla o suficiente para viabilizar sobras regulares, a situação é ainda pior. Você apenas tem mais trabalho para conduzir a vida de maneira descuidada. O controle, por si só, não passa de perda de tempo.

O ideal é ter conhecimento detalhado de seus gastos mensais e agir sobre essa informação, adotando iniciativas para viabilizar uma poupança regular, para dar mais qualidade a seu consumo e para viabilizar também pequenos luxos, afinal, ninguém é de ferro. A forma mais simples de conseguir isso é lançar seus gastos em uma planilha de Orçamento Doméstico, comparar esses gastos com os de outros meses e refletir sobre suas prioridades de consumo. Gastos menos prioritários devem ser trabalhados para serem reduzidos.

A planilha pode ser feita em uma folha de papel ou, para quem domina o uso da informática, em um programa de planilha eletrônica, como o popular Excel. Quem prefere a versão em papel poderá tirar melhor proveito se criar sua planilha em uma folha grande (papel A3, por exemplo), que permitirá listar colunas de gastos de todo o ano em uma mesma imagem. Isso facilita a comparação mês a mês. Há inúmeros modelos de planilhas eletrônicas disponíveis para download gratuito na internet, inclusive em meu site www.maisdinheiro.com.br. Ao acessá-lo, você encontrará, no link Simuladores, o arquivo Orçamento Familiar. Basta clicar para começar o download gratuito.

Pessoalmente, prefiro as planilhas pessoais aos programas desenvolvidos exclusivamente para controle pessoal. Os programas têm a vantagem de oferecer gráficos e visual atraente, mas consomem muito de nosso tempo em configuração, classificação de informações e aprendizado. O ideal é que seu controle seja simples e não roube tempo precioso de outras atividades pessoais.

A estrutura de seu orçamento

Via de regra, seu controle orçamentário deve ter a seguinte estrutura:

<table>
<tr><td rowspan="10">Descrição dos nomes das contas lançadas</td><th>Mês 1</th><th>Mês 2</th><th>Mês 3</th><th>Mês 4</th><th>Mês 5</th><th>Mês 6</th><th>...</th></tr>
<tr><td colspan="7">Relação de suas receitas líquidas
– ou –
Relação de suas receitas brutas
(–) Relação dos tributos na fonte
= Total da receita líquida no período</td></tr>
<tr><td colspan="7">(–) Relação de suas despesas fixas com:
– Habitação
– Saúde
– Educação
– Alimentação
– Transporte
– Impostos
– Despesas pessoais</td></tr>
<tr><td colspan="7">(–) Relação de suas despesas eventuais</td></tr>
<tr><td colspan="7">= Saldo disponível</td></tr>
<tr><td colspan="7">+ Sobra de caixa no mês anterior</td></tr>
<tr><td colspan="7">(–) Aplicações financeiras feitas no período</td></tr>
<tr><td colspan="7">= Sobra de caixa no mês</td></tr>
<tr><td colspan="7">= Sobra de caixa total</td></tr>
</table>

A seguir relaciono alguns cuidados ao controlar suas movimentações financeiras em cada um dos grupos descritos na estrutura anterior:

a) Periodicidade de controle

O bom senso nos induz a acreditar que a periodicidade ideal de um orçamento doméstico é a mensal, pois os gastos da família repetem-se a cada mês. Porém, há situações em que uma frequência maior de controle é bem-vinda.

Uma dessas situações é quando a família não consegue manter as contas em dia, mesmo após adotar o hábito do controle regular. Se você se planeja para o mês e o resultado após 30 dias é frustrante, diminua o espaço para o erro: passe a fazer um controle quinzenal. Essa estratégia lhe ajudará a detectar desvios de seus planos em menos tempo, permitindo correções mais ágeis. Se, por sua vez, o controle quinzenal não funcionar, adote o controle semanal. Isso tomará tempo, mas certamente lhe dará mais disciplina. Aos poucos, você automatizará o comportamento com mais disciplina e poderá voltar a aumentar os intervalos de controle. Dentre meus clientes, tenho casos de pessoas tão disciplinadas que só apuram o orçamento bimestralmente.

Outra situação que exige controle mais frequente é quando a renda entra na conta mais de uma vez por mês. Por exemplo, se você é assalariado e recebe sempre um adiantamento por volta do dia 15 e o restante de pagamento no final do mês, o ideal é que você tenha um controle de contas quinzenal. O mesmo vale para casais em que as datas dos recebimentos de cada um são distantes. A mudança não exige muito mais trabalho; basta dividir o orçamento mensal em duas colunas e dividir, entre essas duas colunas, as contas que serão pagas na primeira quinzena, com a verba do adiantamento, e as contas cobertas pelo restante do salário, na segunda quinzena. Veja, a seguir, um exemplo que ilustra lançamentos desse tipo (a planilha é incompleta):

	Mês 1	
	Quinzena 1	Quinzena 2
Adiantamento	R$800	-
Segunda parte do salário	-	R$1.000
Receita líquida no período	R$800	R$1.000
(–) Despesas fixas • Água • Luz • Telefone • TV a cabo • Prestação do carro	 R$50 R$100 R$100 – – (...)	 – – – R$130 R$250 (...)

b) Relação das receitas

Neste campo, as diferentes fontes de renda da família devem ser discriminadas, incluindo os ganhos extras. Receitas não tributadas também devem ser lançadas, incluindo a receita de pequenas vendas de bens, caixinhas/gorjetas e presentes em dinheiro. Não devem ser esquecidos também os pagamentos de 13º salário, férias, bônus e outras gratificações.

Se você é profissional liberal e atua como pessoa jurídica, o ideal é que tenha uma planilha à parte para as contas de sua empresa, lançando seu faturamento e as despesas e apurando, ao final, o resultado. Esse resultado é que deve ser lançado como receita líquida de sua planilha pessoal. Porém, se sua empresa é pouco complexa e os gastos restringem-se à contabilidade e aos tributos, não há problema em lançar o faturamento da empresa como sua receita pessoal. Basta não se esquecer de lançar, como gastos, os tributos e demais despesas da empresa, como mensalidade do contador, anuidade de associação profissional e gastos típicos da atividade que você exerce.

c) Receita líquida no período

É a sobra de recursos disponíveis após descontar, do seu salário, os impostos na fonte, as contribuições sindicais, as contribuições para cooperativas, planos de pensão empresariais e outros abatimentos sobre os quais você não tem escolha.

Para quem tem empresa, repito, a receita líquida constitui-se nos lucros e dividendos apurados após descontados todos os custos da atividade. Lembre-se sempre: sua renda não é a mesma coisa que o faturamento de sua empresa. Todas as decisões de sua família decorrerão de seus ganhos líquidos, após pagar todos os custos e despesas da empresa.

d) Relação das despesas fixas

Neste campo são relacionados todos os gastos que se repetirão em seu orçamento durante mais de três meses ou, então, gastos pontuais que se repetem periodicamente, como IPVA, IPTU e anuidades. As contas devem ser detalhadas, sem agrupamento; por exemplo: se você tem dois aparelhos de telefone, lance-os como Telefone 1 e Telefone 2, para que você tenha maior controle dos desvios ocorridos no consumo. Somatórios de diferentes despesas devem ser utilizados apenas para gastos de mesma natureza, como, por exemplo, gastos com táxi, estacionamentos, restaurantes e locação de vídeo.

Uma técnica que permite visualizar melhor as características de seu consumo é classificar as contas de gastos dentro de grupos de consumo, como:

- **Despesas com Habitação:** contas de água, luz, telefone e gás, aluguel ou prestação da moradia, condomínio, IPTU e taxas municipais, telefones fixos, telefones celulares (que também podem ser lançados como despesas pessoais), internet, TV por assinatura, supermercado, feira, padaria, empregados (incluindo férias, 13º e gratificações), lavanderia e afins.
- **Despesas com Saúde:** plano de saúde, tratamentos, medicamentos, consultas médicas, terapeutas e gastos com dentista/ortodontista.
- **Despesas com Transporte:** prestação ou aluguel do automóvel, estacionamentos, IPVA, seguro obrigatório, seguro, combustível, lavagens, multas, táxi, ônibus, metrô, trem e afins.
- **Despesas Pessoais:** higiene pessoal (mãos, pés, depilação e outros), cabeleireiro, cosméticos, vestuário, academia, esportes, tratamentos estéticos, mesadas e afins.
- **Despesas com Educação:** escola, faculdade, cursos, material escolar e uniformes.
- **Despesas com Lazer:** restaurantes, cafés, bares, boates, livrarias, jornais, revistas, locadora de vídeo, DVDs, acessórios, videogames, viagens, passagens, hospedagens, passeios e similares.
- **Outras Despesas:** tarifas de bancos, anuidades de cartão de crédito, pensões, gorjetas, caixinhas, doações, dízimos e afins.

A classificação sugerida é feita a partir de um critério pessoal. Fique à vontade em alterá-la de acordo com sua conveniência e interpretação pessoal. Apesar de alguns gastos citados aparecerem apenas uma vez por ano, considero-os gastos fixos em função de sua previsibilidade em termos de data e valor e em função de sua relevância no orçamento familiar.

Repare que trato como fixos alguns gastos que muitos costumam classificar como eventuais ou supérfluos. Faço isso porque valorizo meus caprichos e pequenos prazeres tanto quanto minha moradia e automóvel. Isso me obriga a manter, por exemplo, casa e carros mais simples do que outras pessoas com minha renda teriam, visando assegurar verba para o que realmente me satisfaz.

e) Relação das despesas eventuais

Você pode adotar três critérios alternativos para suas despesas eventuais:

- Classificar como eventuais os gastos não planejados.
- Classificar como eventuais os gastos que são relevantes (ou seja, que impactam consideravelmente o orçamento da família no mês) e que ocorrem em um ou em poucos meses do ano.
- Somar os dois critérios citados.

São exemplos de despesas eventuais: manutenção e reparos do carro e da casa, cursos de idiomas e academias de curta duração, IPVA e IPTU (caso você pague à vista), médicos e terapeutas esporádicos (a fisioterapia decorrente de um acidente, por exemplo), pacote de férias, dedetização, presentes, gastos com celebração (ceia de Natal, Dia das Mães, festas de aniversário), compras de utilidades domésticas e decoração da casa. Quem tem o hábito de realizar doações concentradas em dias específicos do ano (brinquedos de Natal ou Dia das Crianças, cobertores no início do inverno e livros/material escolar no início do ano) também poderá destacar esse gasto como eventual.

Importante: Esse é um dos campos mais importantes do orçamento. São as informações aqui contidas que o permitirão antecipar picos de consumo e ajustar antecipadamente os gastos fixos mensais para comportá-los. Seja refletindo sobre datas festivas, seja antecipando vontades de uso do dinheiro (como férias ou grandes doações), a antecipação das limitações financeiras permite que nos preparemos para elas e controlemos nossos impulsos de consumo.

f) Saldo disponível

Ao subtrair, da renda líquida familiar, as despesas fixas e variáveis, você terá seu saldo disponível. A partir dele, serão tomadas decisões para a realização de sonhos futuros, com o direcionamento desse saldo para aplicações financeiras. Trataremos de investimentos adiante; por enquanto, basta o argumento de que dinheiro que não será usado agora deve permanecer fermentando e multiplicando no banco ou em outro investimento de sua preferência.

Quem opta por conduzir seu planejamento financeiro com metas específicas de poupança (por exemplo, "quero poupar R$500 por mês") terá, no campo Saldo Disponível, o medidor da eficiência de seu projeto pessoal. Ao tomar uma decisão de consumo que impacte vários meses do orçamento, como uma compra a prazo, a análise do Saldo Disponível dos meses seguintes nos dirá se essa decisão deve ou não ser tomada agora.

Há situações em que os objetivos de consumo dependem de sobras financeiras eventuais. Digamos que, para viabilizar as próximas férias ou refazer a decoração da casa, a família tenha decidido formar uma poupança. Porém, diferentemente da poupança para a faculdade, a aposentadoria e a troca do carro, percebe-se que nem todos os meses haverá verba para poupar para esse fim. Nesse tipo de situação, o melhor a fazer é lançar o valor poupado (que, para simplificar, poderia estar sendo direcionado para um fundo de investimento específico, sem misturar com outros investimentos) após identificado o Saldo Disponível. Desse modo, controlar o Saldo Disponível significaria "pilotar" o sucesso de um desejo de consumo de curto ou médio prazo.

g) Aplicações financeiras

Aqui deverão estar listadas as contribuições mensais para seus objetivos de poupança e de consumo de médio prazo. Por enquanto, estamos tratando os investimentos como despesas, pois mostramos somente as movimentações que saem de sua renda mensal. Esse campo de seu orçamento doméstico deverá alimentar outra planilha, de controle de seus saldos e rentabilidades de investimentos, que será discutida no Capítulo 9.

h) Sobra de caixa

A sobra de caixa é o grande medidor do sucesso de seu orçamento no mês. Se suas escolhas de consumo e de poupança estão todas lançadas no orçamento e o campo Sobra de Caixa não entrou no negativo, ou seja, não se transformou em Falta de Caixa, parabéns! Mais um mês de vitória financeira.

O objetivo não é ter sobras de caixa consideráveis, mas, sim, zerar esse campo, afinal, para chegar a ele, você já terá decidido quanto poupar e quanto gastar no mês. Este campo ganha importância antes do final do mês, pois nos diz quanta verba ainda temos para fazer escolhas naquele período. Constatar que sobrou caixa no final do mês significa que você não soube nem gastar nem poupar bem seu dinheiro.

Há, porém, quem pratique a ideia de manter em conta sempre uma reserva de emergências para saques rápidos. Outros preferem deixar um valor maior, para o caso de sequestros-relâmpago. Nesse caso, a sobra de caixa teria um porquê de ser mantida positiva.

Como eu uso planilha eletrônica, prefiro configurar o campo Sobra de Caixa para que o número apareça em vermelho no caso de se tornar negativo.[1] Além disso, copio essa célula no topo de minha planilha, em um cabeçalho fixo, para que fique sempre visível e para que eu detecte a consequência de uma má escolha de consumo o quanto antes. Isso ajuda a moldar precisamente meu orçamento a cada decisão, mantendo minhas contas sempre no azul.

---

[1] Para quem não sabe como fazer isso, no Excel 2007, na aba Início, clique em Formatação Condicional, depois em Nova Regra, abrindo uma janela. Em Tipo de Regra, selecione "Formatar apenas células que contenham". Abaixo, no campo "Edite a Descrição da Regra", clique nos locais apropriados para resultar na seguinte regra: Formatar apenas células com [Valor da Célula] [é menor do que] [0] (digite aqui o número zero). Clique no botão Formatar e, então, selecione Estilo da Fonte como Negrito e Cor, como Vermelho. Dê OK nas duas janelas abertas e você terá a formatação condicional.

Iniciativas para seu projeto pessoal

- Adotar uma planilha de controle de gastos mensais (caso seus recebimentos sejam mensais). Um modelo pode ser baixado do site www.maisdinheiro.com.br, no link Simuladores.
- Formatar sua planilha de acordo com a periodicidade de controle mais adequada a sua frequência de recebimentos ou a sua necessidade de vigilância.

CAPÍTULO 3

Utilize seu orçamento com inteligência

Como afirmei no capítulo anterior, listar seus gastos, por si só, ajuda pouca coisa. A prática do orçamento doméstico consiste em, pelo menos, oito atividades:

1. Ter disciplina para anotar ou guardar comprovantes de gastos.
2. Organizar os gastos para ter uma clara noção de seu padrão de consumo.
3. Comparar a evolução do padrão de consumo ao longo do tempo.
4. Refletir sobre a qualidade de suas escolhas.
5. Estipular alterações no padrão de consumo, visando obter mais qualidade.
6. Policiar suas novas escolhas para garantir que sejam praticadas.
7. Estimar as consequências de suas escolhas, como o patrimônio ou a poupança formada ao final do ano – essa é uma de minhas pequenas diversões pessoais a cada início de ano.
8. Usar o orçamento atual como base para simular situações extremas, como perda da renda ou recebimento de um grande valor em dinheiro.

Para que seu orçamento seja realmente eficaz e lhe traga os resultados esperados (e também conquistas inesperadas), sugiro que as ações a seguir sejam incluídas. Cada ação é precedida de um quadrado para que você assinale as que já pratica e lembre-se de colocar em prática as faltantes.

- ☐ Dedique tempo à construção da planilha. Mesmo quando acreditar que já está pronta, faça algumas simulações, brinque com números, teste-a durante algumas semanas e você perceberá que sempre terá algum pequeno ajuste a fazer. Esse processo costuma durar de três a quatro meses, pois alguns de nossos gastos não ocorrem todos os meses.
- ☐ Procure ordenar os gastos dentro de cada grupo a que pertencem (Alimentação, Transporte, Habitação etc.), na ordem cronológica em que as contas são pagas no mês. Uma boa dica é incluir uma coluna ao lado do nome da conta, na qual você incluirá o dia do mês de vencimento. Obviamente, isso é válido para contas com data de vencimento conhecida. Deixe os gastos que se acumulam ao longo do mês para o final da lista. Veja uma sugestão:

	Vencimento	Mês 1	Mês 2
Despesas com habitação			
Aluguel	Dia 03		
Conta de luz	Dia 03		
Salário (Empregada)	Dia 05		
Conta de gás	Dia 06		
Condomínio	Dia 10		
Internet	Dia 10		
INSS (Empregada)	Dia 15		
TV a cabo	Dia 20		
Plano de saúde	Dia 25		
Feira	–		
Lavanderia	–		

- ☐ Sua planilha deve ser periodicamente revisada, para que o aprendizado cotidiano seja agregado a seu modelo de controle. Ao fazer isso, é inevitável obter melhorias contínuas. Pelo menos uma vez ao ano, talvez no dia da Faxina nas Contas, dedique um tempo para refletir sobre a estrutura de sua planilha. Sou especialista no assunto. Pratico meu orçamento doméstico há mais de oito anos e, mesmo assim, todos os anos, faço alterações significativas na estrutura do orçamento. Se nossa vida se transforma continuamente, nossos planos devem seguir o mesmo ritmo para que continuem válidos.

- ☐ Enquanto estiver montando a primeira planilha de orçamento doméstico, uma boa prática é andar com lápis e papel na bolsa ou carteira para anotar os gastos no momento em que ocorrerem. Alguns preferem manter esse hábito para sempre (pessoalmente, acho um exagero).
- ☐ Evite controlar os gastos diariamente. Além de gerar grande desperdício de tempo, bastará uma semana muito ocupada para que você não consiga manter a rotina, o que poderá resultar na desistência definitiva de seus controles, com argumentos do tipo: "Não nasci para este tipo de disciplina." Uma forma simples de economizar tempo no orçamento e garantir que um controle quinzenal ou mensal funcione é manter uma pasta, caixa de sapatos ou gaveta onde você depositará os comprovantes de gastos até a data de organizá-los na planilha. Adote o hábito politicamente correto de solicitar comprovantes de todas as suas compras, preferencialmente por meio de notas ou cupons fiscais. Na impossibilidade de obter os comprovantes, ande com um bloquinho de notas para anotar os gastos não comprovados.
- ☐ Para saques em dinheiro, você deve escolher entre duas possibilidades de controle. A primeira é lançá-los normalmente, item por item, somando o valor de cada gasto nas respectivas contas do orçamento. Essa opção exige controle zeloso, principalmente dos gastos que não oferecem comprovantes, como gorjetas, guloseimas e pequenas compras em bancas de jornal, ambulantes e negócios informais. A segunda possibilidade é tratar os valores de saques feitos no caixa eletrônico ou recebidos de pequenos trabalhos ou negociações como uma verba para pequenos gastos diários e lançá-los simplesmente como "extras", "outros" ou "gastos não controlados". Pessoalmente, prefiro a primeira opção, para dar mais transparência e precisão à classificação de meus gastos.
- ☐ Quando sentir que sua planilha está pronta, faça um importante exercício. Reúna a família para discutir quais gastos

são prioritários e monte um ranking de todos os gastos, posicionando em primeiro lugar aquele que todos concordam ser essencial para o bem-estar da família e em último lugar os que todos concordam agregar pouco para o bem-estar familiar. Atente para a importância da unanimidade! Se a coleção de figurinhas de seu filho é considerada por ele muito importante, esta não deverá ficar no final do ranking. O ranking terá um importante papel na hora de cortar gastos. Diante da necessidade de retração de consumo, visando comportar um pico no orçamento, o ranking será um bom critério para identificar quais gastos não devem ser mexidos e quais receberão ajustes naquele mês.

- ☐ Para ter uma visão consistente de suas escolhas ao longo do tempo e prevenir furos orçamentários, projete os valores mensais ao longo dos próximos meses. Isso é fácil de praticar caso você utilize uma planilha eletrônica. Basta copiar os gastos fixos para os períodos futuros ou usar valores médios de gastos variáveis. Nas projeções, costumo adotar a média de gastos dos últimos três meses, para contas como táxi, restaurantes e telefone celular. É importante diferenciar os valores reais dos projetados. Em minhas planilhas eletrônicas, os valores reais são formatados na cor preta, e os projetados, em vermelho. Isso é útil para quem preenche o orçamento aos poucos, pois, enquanto observa um valor parcial de um gasto no meio do mês, mantém a estimativa inicial para aquele gasto total ao observar a projeção do mês seguinte.
- ☐ Atenção ao usar cartões de crédito e ao assumir pagamentos pré-datados ou parcelados. O lançamento de seus gastos deve ser feito no mês em que estes serão pagos, e não no mês em que foi feita a compra. Cultive o hábito de adiantar lançamentos conhecidos, como prestações e compromissos futuros, em seus respectivos meses (não só no mês em que você está apurando), principalmente os de grande valor. Você perceberá que, ao iniciar um mês que já contém muitos compromissos acumulados, suas escolhas serão bem mais comedidas.
- ☐ Automatize o hábito de poupar, por meio de débito automático em conta ou de aplicações pré-agendadas. A recomendação é investir entre 10% e 20% de seus ganhos mensais, ou seja,

assumir que sua renda para consumo está entre 80% e 90% do ganho real. Atente para esta orientação: mais fácil do que tentar poupar 10% da renda é assumir que você deve viver com apenas 90%. Parece a mesma coisa, mas não é. Ao automatizar sua poupança assim que seus ganhos caem na conta, você está se obrigando a viver com o que sobra. Se, ao contrário, você esperar sobrar dinheiro, acredite, não faltarão motivos para postergar o sucesso de seu plano.

Recomendações úteis para seu orçamento doméstico

Comece com a visão do fim. É no começo do mês, e não no final, que você tem condições de mandar no dinheiro e não deixar que ele mande em você. Antes de começar o mês, estude o orçamento do mês que acaba de fechar e veja quais gastos quer mudar ou reduzir, estabelecendo metas objetivas e, de preferência, por escrito. Por exemplo: neste mês, gastei R$200 em refeições em dias de semana e no próximo mês quero reduzir para R$150. Farei essa redução ao cortar o refrigerante no almoço ou o café com pão na padaria; levarei de casa ou comerei em casa. Para gastos variáveis, a regra é antecipar seu padrão de consumo ao longo do ano, tomando como base o gasto do ano anterior.

Os imprevistos são previsíveis. Procure sempre destinar uma verba para imprevistos – cerca de 5% do valor de suas despesas mensais são suficientes. Em meu orçamento pessoal, o critério para os gastos imprevisíveis é usar a média de gastos extras não planejados dos últimos três meses. Funciona de maneira impressionante!

Mapa de vencimentos. Mesmo que você siga a recomendação de ordenar seus gastos pela ordem cronológica das datas de vencimento (o que ajuda a evitar atrasos), é recomendável manter à vista um mapa dos vencimentos dentro de cada mês. Esse mapa também ajuda a nos programarmos melhor para evitar atrasos, pois nos dá a visão de todos os compromissos por data de vencimento. Além disso, é bastante útil para nos programarmos para situações como férias ou internações hospitalares. Veja a seguir um exemplo desse tipo de mapa.

Dia 1 – Empregada	**Dia 2** – PGBL	**Dia 3** – Conta Luz	**Dia 4**	**Dia 5** – Aluguel Garagem	**Dia 6** – Conta Gás	**Dia 7**
Dia 8 – Contador	**Dia 9** – Condomínio	**Dia 10** – Internet – INSS PJ – ISS	**Dia 11**	**Dia 12**	**Dia 13**	**Dia 14**
Dia 15 – Cartão de crédito 1 – Escola – Academia	**Dia 16** – Doação	**Dia 17** – Construtora	**Dia 18**	**Dia 19**	**Dia 20** – TV a cabo – PIS, Cofins	**Dia 21**
Dia 22	**Dia 23**	**Dia 24**	**Dia 25** – Cartão de crédito 2 – Celular – Plano de saúde	**Dia 26**	**Dia 27**	**Dia 28**
Dia 29	**Dia 30** – IRPJ, CSLL	**Dia 31**				

Débito automático em conta. Programar seus pagamentos em débito automático ajuda a poupar tempo e evitar atrasos, bem como melhora seu relacionamento com a instituição financeira. Porém, certifique-se de cadastrar em débito automático somente os pagamentos devidos a instituições em que você realmente confie e que não tenham grande número de reclamações nos órgãos de defesa do consumidor. Ao fazer isso, será mais difícil questionar cobranças indevidas e evitar renovações indesejadas de contratos. Pense duas vezes antes de cadastrar em débito automático contas de telefonia, TV por assinatura e internet. Evite, definitivamente, automatizar o pagamento de assinaturas de revistas e jornais e de mensalidades de serviços que você pretenda apenas experimentar.

Tributos anuais. Dedique especial atenção aos tributos, principalmente os de pagamento anual, como IPTU e IPVA. Talvez você jamais se esqueça deles, devido à relevância do gasto; porém, a maioria dos contribuintes deixa para pensar no assunto depois que a cobrança chega às suas mãos. Se fizer isso, provavelmente você optará pela forma menos eficiente de pagá-los. O melhor é pagar à vista, sem dúvida, em razão dos bons descontos oferecidos e, principalmente, pela oportunidade de eliminar mais um parcelamento do orçamento dos primeiros meses do ano. Contudo, uma atitude mais inteligente do que resgatar seus investimentos para viabilizar essa estratégia é separar parte dos ganhos extras de final de ano (13º, gratificações e bônus) e deixá-los disponíveis para esse fim. Adote como referência o valor do imposto pago no ano anterior, aplique a quantia estimada em um fundo de renda fixa de curto prazo e, na data prevista, livre-se do compromisso à vista.

Outros gastos anuais. Dê o mesmo tratamento sugerido aos impostos para matrículas escolares, anuidades de associações e grandes negociações que podem reverter em descontos. Muitas escolas, por exemplo, oferecem descontos de até 15% nas mensalidades para pais que se propõem a pagar antecipadamente a anuidade. Bom negócio para pais e bom negócio para a escola, que administra melhor a inadimplência.

Despesas eventuais. Não despreze ou evite os gastos eventuais/pontuais. Trate-os como um tipo de celebração de sua folga orçamentária, pratique a indulgência, aprenda a presentear-se e a celebrar em família e entre amigos. Esse é um importante exercício para que você aprenda a lidar com a construção de sonhos mais complexos, como a aposentadoria.

Liberdade e individualidade preservadas. Se você vive com um(a) companheiro(a), pratique a liberdade e a independência de cada um. O excesso de transparência nas contas fulmina a surpresa, o romantismo e individualidades saudáveis. É recomendável que cada adulto tenha uma espécie de mesada, preferencialmente em valor idêntico para ambos, da qual sairão os gastos particulares. Essa mesada pode ser viabilizada em dinheiro sacado e lançada no orçamento como "Gastos Pessoais de Fulano", sem categorizar cada gasto individualmente.

Mesada dos filhos. Para filhos, o critério pode ser o mesmo da mesada dos adultos, porém recomenda-se que o valor estipulado para tal seja definido com base em discussão entre pais e filhos, a fim de definir quais gastos familiares serão assumidos pelo filho e qual valor comporta esses gastos.

Participação dos filhos. O envolvimento dos filhos na construção e no controle do orçamento doméstico deve ser encorajado. Essa é uma forma bastante eficiente de praticar a educação financeira em casa, pois estimula os filhos a adotarem decisões financeiras mais maduras. O envolvimento deve ser gradual, começando pela discussão, em família, da mesada (que é a menor divisão do orçamento doméstico, isto é, do dinheiro da família), passando pela discussão de orçamentos específicos (passeios, viagens, celebrações da família), para, então, envolver os filhos no acompanhamento das contas do lar. Não há necessidade de conhecimento da renda total familiar, mas, sim, da verba destinada aos gastos da família, para que o exercício seja eficaz.[1]

Guarde os comprovantes. A sugestão de direcionar seus comprovantes de gastos para uma pasta ou gaveta visa diminuir a dedicação de tempo aos controles pessoais. Teoricamente, uma vez lançadas as informações, os comprovantes podem ser descartados, pois seu orçamento doméstico passará a ser o histórico da evolução de sua riqueza pessoal. Porém, recomenda-se que não seja feito o descarte desse tipo de comprovante, para sua segurança. Comprovantes de compras podem ser úteis no caso de o produto comprado apresentar defeito e você ter que fazer uso da garantia, seja esta do fabricante ou assegurada pelo Código de Defesa do Consumidor. Faturas pagas são sua garantia de cumprimento da obrigação contratual com concessionárias e prestadoras de serviço. Comprovantes de recolhimentos de impostos são a garantia do cumprimento de sua cidadania. A recomendação é guardar comprovantes de contas públicas (água, luz, telefonia fixa e gás) por dois anos; extratos bancários e documentos de seguro, por um ano; recibos de aluguel, por três anos. Dez anos é o prazo para guardar comprovantes de impostos, e cinco anos, para faturas de cartão de crédito, mensalidades escolares, condomínios e contratos de prestação de serviço. Esse é o prazo legal para prescrição de qualquer reclamação que eventualmente possa ser feita contra você. Os documentos da Declaração de Imposto de Renda devem ser mantidos por seis anos. Atualmente, há bancos que oferecem a possibilidade de armazenar esses comprovantes em arquivo eletrônico, o que reduz o desconforto causado para guardar tantos papéis. Contudo, sugere-se guardar em mais de um computador (ou em um pen-drive), a fim

---

[1] Para aprofundar o entendimento desse assunto, leia *Filhos Inteligentes Enriquecem Sozinhos* (São Paulo: Editora Gente, 2006), de Gustavo Cerbasi.

de evitar situações desagradáveis caso haja algum problema que faça com que você perca os arquivos. Comprovantes de compra devem ser mantidos enquanto o produto comprado permanecer com você, mesmo após a extinção do prazo de garantia. Na hipótese de revenda, a nota fiscal será importante para comprovar a origem.

Tipo de conta	Prazo para guardar comprovantes
Documentos de seguro	1 ano
Extratos bancários	1 ano
Contas públicas	2 anos
Recibos de aluguel	3 anos
Faturas de cartão de crédito	5 anos
Impostos municipais	5 anos
Condomínios	5 anos
Mensalidade escolar	5 anos
Contratos de serviço	5 anos
Declaração de Imposto de Renda	6 anos
Impostos federais	10 anos

O orçamento é uma trilha, não um trilho. Não trate o orçamento doméstico como um engessador de suas decisões. Digamos que a família tenha chegado a um consenso e estabelecido que, naquele mês, os gastos seguirão o roteiro proposto no orçamento. Se, no meio do mês, percebe-se um gasto imprevisto, e que não havia verba para ele na proposta da família, a solução é simples. Reúna a família novamente para que vocês decidam, em grupo, qual gasto será prejudicado naquele mês para atender à emergência financeira. Enquanto a rigidez gera discórdia ("eu não disse que não daria certo?"), a flexibilidade pode motivar uma celebração pelo alívio proporcionado ("dá para ficar um feriado sem viajar para compensar isso").

Quando pagar é um problema

Existem situações em que nosso objetivo não é exatamente pagar uma conta devida. Isso pode dificultar a montagem do orçamento doméstico, que depende essencialmente de nossa vontade de honrar compromissos e de realizar sonhos.

Talvez você não queira pagar uma conta porque acredita que ela é injusta ou porque se arrependeu de uma compra ou da contratação de um serviço. Talvez você não queira pagá-la porque está pressentindo que o orçamento não fechará no final do mês, e quer deixar recursos disponíveis para compromissos mais relevantes.

Independentemente do motivo para o não pagamento, conscientize-se de que todos os compromissos a pagar decorrem de escolhas feitas. Se você escolheu contratar um serviço e não leu o contrato, entrou no financiamento sem ler todas as cláusulas, efetuou uma compra sem pensar nas consequências ou não teve tempo para se planejar, paciência... A escolha está feita, e seu nome está em jogo. Nesses casos, a atitude mais sensata é dar um passo atrás, cortando o consumo ou vendendo algo para fazer caixa e honrar seu compromisso. Esse cuidado não é mero detalhe, pois, com a entrada em vigor da Lei nº 11.232/2005, a multa legal para pagamentos em atraso subiu dos 2% propostos pelo Código Civil para até 10%. Somente depois de cumprir com sua obrigação, questione seus direitos no Procon, em um Tribunal de Pequenas Causas ou mesmo com a ajuda de um advogado.

Alguns exemplos de pagamentos indesejados que não comportam questionamento:

Taxa condominial ou, simplesmente, condomínio. Ao adquirir ou alugar um imóvel que tenha custos compartilhados com outros moradores, você deve ter consciência de seu papel no todo e assumir a responsabilidade sobre os custos gerados ou sobre as decisões tomadas em assembleias de condôminos. Condomínio não é cobrança, mas sim divisão de contas. Se o condomínio em seu prédio é caro, provavelmente isso acontece porque os moradores não acompanham as reuniões para ajudar o síndico a fazer melhores escolhas.

Reformas em edifícios. Outro exemplo de custo que não costuma ser questionado por quem responsavelmente frequenta as assembleias.

Multas de trânsito. A tão criticada "indústria da multa" só costuma atingir àqueles que infringem regras. O ideal seria, então, o fortalecimento desse tipo de indústria. Multas são um importante instrumento educacional.

Multas por atraso em pagamento e juros de mora. São despesas que recaem sobre quem não mantém um orçamento organizado.

Correções contratuais pela inflação ou outro indicador. Normalmente, quem opta por contratos com grandes facilidades ou oportunidades deve estar alerta a armadilhas nos critérios de correção das prestações. Se seu financiamento é atrelado ao dólar ou ao IGP-M, é porque você foi atrás de taxas mais baixas em um período de câmbio estável ou inflação controlada. Se um contrato nos é oferecido para revisão e simplesmente aceitamos seu conteúdo com nossa assinatura, estamos concordando com suas condições.

Franquia do seguro. Você optou por um seguro mais barato? Não há mágica: em algum momento aparecerá a diferença. Uma recomendação importante para quem se sente amparado por um seguro de automóvel é contar com uma reserva financeira igual ou maior do que o valor da franquia (que é a parte que o segurado paga à seguradora em caso de grandes avarias). Essa reserva pode ser a chamada Reserva de Emergências de seu orçamento.

Os outros pagamentos indesejados, como os já citados serviços em não conformidade contratual, o recebimento de encomenda avariada, arrependimento de compra, entrega diversa da encomendada e questionamento indevido de não cumprimento de norma, podem ser questionados. Procure sempre se informar nos órgãos de defesa competentes e ao Código de Defesa do Consumidor antes de tomar iniciativa individual, já que isso pode lhe poupar tempo.

Já para as situações em que não é possível pagar, caso não haja espaço para cortes no orçamento, o ideal é negociar, o quanto antes, o compromisso, tentando uma solução que não prejudique nem ao cobrador nem ao devedor. Se for preciso recorrer a empréstimos, que este seja feito de maneira consciente, planejada e eficiente, ou seja, com o menor custo possível. Esse tipo de decisão será tratado no Capítulo 6.

Dignifique sua estabilidade

Aqueles que têm o privilégio de contar com uma renda extremamente estável e segura por toda a vida, como servidores públicos, militares, pessoas que vivem da renda de seu patrimônio e detentores de concessões e direitos autorais, não estão isentos de cuidados com o orçamento. Aliás, o correto é afirmar que, para as pessoas já consideradas financeiramente independentes, os cuidados devem ser intensos e específicos, ou seja, apropriados para sua situação financeira particular.

O grande risco da renda segura está na possibilidade de nos acomodarmos e afrouxarmos nossa disciplina, deixando de zelar pelo orçamento. O lado negativo da estabilidade é que as possibilidades de grandes mudanças para melhor se reduzem. É fato reconhecido que servidores públicos contam, ao longo da carreira, com uma evolução salarial bem menor do que a de profissionais da iniciativa privada. A compensação é justamente não ter que se preocupar com a aposentadoria ou, então, ter uma preocupação reduzida, pois poucas carreiras públicas conduzem à aposentadoria com salário integral.

Imagine a situação de um servidor público, feliz com sua estabilidade de renda, que, em dado momento, perde o controle e consome em um mês mais do que a renda que recebe. Para saldar compromissos, ele recorre a empréstimos. Porém, empréstimos novos trazem ao orçamento um custo que antes não existia, que é o pagamento de juros. Se o servidor não conseguia honrar seus compromissos regulares, a tendência é que essa situação só piore com a contratação de um empréstimo, gerando motivo para a contratação de mais empréstimos no futuro. Deixar esse furo crescer e tomar proporções significativas é o mais grave dos erros financeiros de quem tem renda estável, pois significa aceitar um custo evitável. Além disso, essa pessoa não tem o privilégio de contar com ganhos extras de horas a mais de trabalho, como faz o autônomo e o profissional liberal.

Quanto mais conhecida e certa for sua renda, mais importante é que as mesmas condições sejam criadas para seu orçamento. Antecipe problemas e normalize seus gastos, procurando distribuí-los o mais uniformemente possível ao longo do ano. Vale parcelar e vale financiar, desde que você tenha consciência do preço que está pagando a mais por isso.

Se a estabilidade de sua renda decorre de rendimentos de seu patrimônio (investimentos, aluguéis etc.), a última coisa a fazer é consumir o patrimônio, a galinha dos ovos de ouro, para adquirir itens de grande valor. Para preservar patrimônio, a regra é simples: sempre dilua suas compras em pagamentos parcelados, cuidando para que as parcelas caibam seguramente no orçamento mensal, com margens para pequenos erros.

Renda variável: Como lidar com uma renda que não conhecemos?

Se há uma receita para quem tem (ou deveria ter) a vida financeira extremamente previsível, não posso deixar de apresentar a regra de ouro para aqueles que vivem condição exatamente oposta: a de não saber de quanto será a renda da família no próximo mês. Profissionais liberais, autônomos, vendedores, corretores, representantes e empresários veem-se obrigados a lidar com a incerteza do resultado de seu trabalho a cada mês, o que certamente dificulta a construção de um orçamento doméstico organizado, com previsão de verbas para cada gasto da família.

Uma situação muito comum entre as pessoas com renda variável é a de quedas bruscas na receita esperada resultarem em endividamentos que crescem rapidamente. Não é difícil entender esse mecanismo.

Imagine um vendedor cuja renda é totalmente variável, dependendo de comissões resultantes de seu sucesso na venda de, digamos, automóveis. Ele faz um levantamento dos últimos quatro meses de trabalho e sua constatação é a seguinte:

Mês	Renda obtida
1	R$2.000
2	R$2.300
3	R$3.500
4	R$4.000

Obviamente, ele estará entusiasmado com a evolução de seu desempenho profissional. Se seu supervisor estabelecer, ainda, uma meta de vendas que resulte em comissão de R$4.200 no próximo mês, ele estará exultante. Esse sentimento eufórico é a grande armadilha, muito parecida com o sentimento que temos quando nossos investimentos geram resultados surpreendentemente bons. Acreditamos que nossa capacidade de acerto é muito acima da média. Se, diante dessa euforia, o vendedor decidir adotar um padrão de vida que conte com constantes resultados muito bons, estará aceso o pavio da bomba.

Digamos que o cenário mude e que as vendas dos três meses seguintes sejam as seguintes:

Mês	Renda obtida
5	R$2.000
6	R$3.000
7	R$3.400

Graficamente, a evolução da renda desse vendedor seria a seguinte:

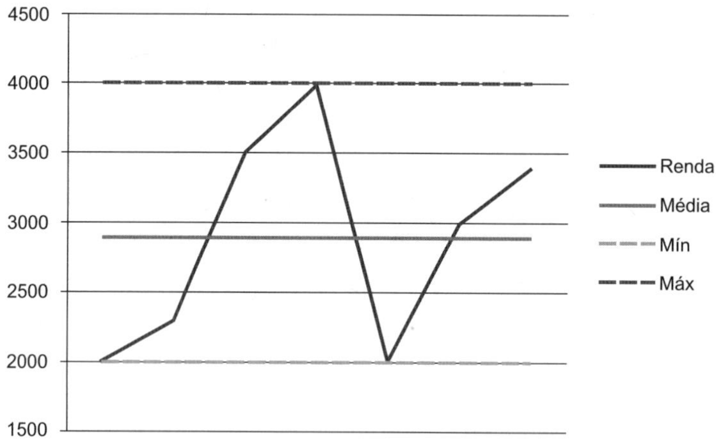

No período, a renda média foi de cerca de R$2.900, mas, se após o quarto mês de trabalho ele decidiu adotar um orçamento da ordem de, digamos, R$3.500, basta um mês ruim para que perca o controle. Em nosso exemplo, com a queda da renda para R$2.000, ele tem dificuldade para pagar R$1.500 de suas contas. Mas empurra com a barriga, pois acredita que o próximo mês voltará a ser bom. Se, no mês seguinte há uma recuperação, mas não o suficiente para pagar as contas do mês mais os atrasados, o problema aumenta. No exemplo, temos um déficit de R$500 no mês, mais R$1.500 atrasados, mais os juros cobrados no empréstimo. Por mais que sua renda volte ao patamar de R$4.000 em algum momento, acredito que fica claro que é difícil corrigir totalmente a situação. Quando as dívidas entram nesse processo crescente, de difícil correção, está criado o que chamamos de "efeito bola de neve". O termo é autoexplicativo.

Para evitar esse problema, o segredo está em entender o risco. O risco de sua renda está na oscilação, decorrente de sazonalidade nas vendas ou até de sua incompetência em vender. O motivo pouco importa, pois estamos falando de administração das consequências, e não das causas.

O entendimento do risco começa pelo mapeamento da situação. O ideal é que você analise 12 meses de sua renda e responda a três perguntas muito simples:

a) Qual foi a renda mínima que você conseguiu obter?
b) Qual foi a renda máxima que você conseguiu obter?
c) Qual foi a sua renda média no período?

Em nosso exemplo, a renda mínima foi de R$2.000, a máxima foi de R$4.000 e a média foi de R$2.900 (arredondando o cálculo, para um raciocínio mais limpo). Pronto, agora você tem como tomar decisões. Esses dados são muito mais do que simples referências; considere-os os limites de suas escolhas. Se ainda não tiver um histórico de, pelo menos, 12 meses, adie decisões importantes, como compra de casa, carro e viagens.

Reza o bom senso que, se sua renda média é de R$2.900, esse é o padrão de vida que você deve adotar, correto? Não, não é bem assim. Um assalariado que tenha renda média de R$2.900 e conte com essa renda a cada mês, sim, pode adotar um padrão de vida nesse nível. Se a única certeza de renda que você tem é no patamar de R$2.000, essa deve ser a referência para as escolhas essenciais de seu padrão de vida. A renda média, ou R$2.900 mensais, é a referência que você adotará para seu orçamento amplo, incluindo gastos com lazer e qualidade de vida e também os investimentos para sua previdência. Um assalariado pode desprezar esses últimos itens e usar, por exemplo, o 13º salário para poupança e lazer. Como você já sabe, não é exatamente essa a minha recomendação, mas ela até pode funcionar com pessoas disciplinadas.

Para facilitar a compreensão, interprete seus gastos em três grandes grupos:

- **Gastos burocráticos.** São os gastos de seu orçamento que correspondem a sua estrutura de vida, incluindo moradia, transporte, plano de saúde, medicamentos, educação básica dos filhos e alimentação básica. Para a maior parte das pessoas, são os considerados equivocadamente gastos sagrados, cujos valores não podem ser diminuídos.
- **Gastos básicos e investimentos.** Incluem tanto os gastos burocráticos quanto aqueles que conferem qualidade de vida e segurança a sua família, como lazer, terapias e plano de previdência.
- **Gastos com luxo.** São os gastos que você gostaria de realizar se recebesse algum dinheiro extra.

Com essa classificação de gastos, temos condições de entender o porquê de muitas famílias terem dificuldades em honrar seus compromissos. Via de regra, tendemos a acreditar que os gastos burocráticos têm um grau de importância maior do que os demais gastos que seriam classificados como básicos. Em razão dessa crença, esforçamo-nos para ter os melhores gastos burocráticos que nosso orçamento pode comportar, deixando, involuntariamente, para segundo plano os itens que mais contribuem para o sentimento de realização e felicidade. Consequentemente, a média de nossa renda costuma ser a referência para custear itens daquela categoria.

O correto seria adotar a média como referência para custear nosso padrão total de vida, como mostra o gráfico a seguir. Para um assalariado isso é fácil, pois resulta em custear regularmente os interesses burocráticos, de qualidade de vida e de investimentos.

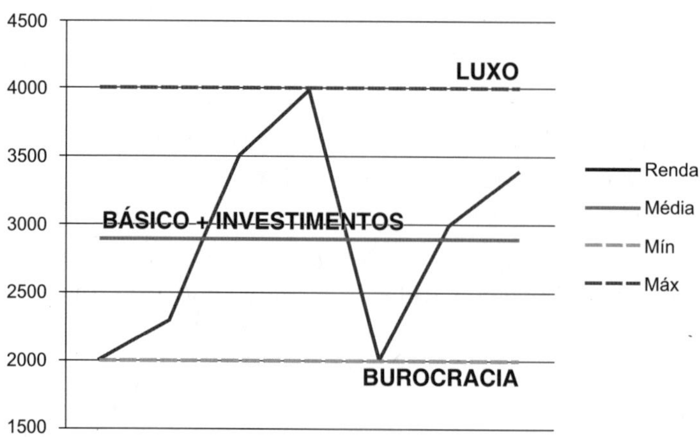

Para quem conta com renda variável, a orientação não é das mais agradáveis, à primeira vista. As regras para manter-se com as finanças equilibradas são as seguintes:

1. **Conheça sua sazonalidade.** Adote o hábito de mapear a evolução de sua renda ao longo de vários meses e identificar antecipadamente os meses de melhor e pior desempenho histórico para sua renda.
2. **Enxugue os grandes gastos.** Sua única certeza é o piso de ganhos, ou seja, o mínimo de renda que você obtém até mesmo nos meses críticos. Por isso, adote um padrão de vida cujos gastos estruturais – ou burocráticos – sejam iguais ou menores do que esse mínimo. Todos os compromissos parcelados de sua vida, somados, não podem superar esse nível. Aqui está a má notícia, pois, em geral, essa recomendação exige que muitos dos profissionais que contam com renda variável reduzam o padrão de vida que têm hoje. Em outras palavras, a família deve aceitar desfrutar de uma casa menor, um carro menor, uma moda mais econômica e hábitos de vida mais simples.
3. **Garanta o bem-estar, na média.** Ao identificar sua renda média ao longo de 12 meses, ela será sua referência para escolhas que envolvam poupança para o futuro e gastos com lazer, diversão, qualidade de vida e conforto da família. Porém, a família deve ter consciência de que, eventualmente, nos meses em que a renda cai abaixo da média, será necessário abrir mão desses itens do orçamento. A compensação – que deve ser feita, principalmente, na poupança para o futuro – virá nos meses seguintes, quando a renda voltar a superar a média.
4. **Se sobrar, premie-se.** É nessa situação que a recomendada privação de gastos burocráticos passa a fazer sentido. Faça planos para os períodos de vacas gordas. Nos meses de pico de renda, após compensar eventuais atrasos na poupança e no bem-estar dos meses anteriores, adote o hábito de presentear-se e de presentear a família. É hora de cometer o que alguns chamariam de pequenos pecados de consumo, como jantar fora, viajar, trocar de carro, comprar um enorme buquê de flores. Pode ser também pagar seis meses adiantados de academia, fazer uma poupança para um grande presente ou

qualquer outro desejo pessoal ou familiar. A escolha é sua, tanto faz. Vale até fazer um aporte maior na poupança. Mas o importante é compensar, e é fundamental que essa compensação seja paga *sempre à vista*, sem contar com o mesmo ganho no mês seguinte. Só assim você se sentirá recompensado pela decisão de adotar um padrão de vida mais simples para manter as contas em dia.

Perceba que, em essência, a diferença entre um profissional com rendimentos estáveis e outro com variáveis é que:

- a família com rendimentos estáveis pode adotar um padrão de consumo mais previsível, com uma estrutura de vida mais cara e sem muita margem para sair da linha;
- a família com renda variável deve restringir os gastos com a estrutura de vida percebida pelos outros, com a compensação de contar com momentos de indulgência mais frequentes. Sua casa pode ser mais barata do que a do vizinho assalariado que tem a mesma média salarial, mas seus hábitos de férias poderão ser bem mais luxuosos.

Com equilíbrio e bom senso no uso, seu dinheiro não faltará.

Iniciativas para seu projeto pessoal

- Exercitar a montagem e a classificação das contas durante algumas semanas, a fim de tornar o orçamento doméstico um mapa fiel de suas finanças.
- Criar um ranking dos gastos, de acordo com a contribuição destes para a qualidade de vida e felicidade da família.
- Adotar objetivos de consumo de médio e longo prazos, fazendo as contas e determinando metas de economias mensais para viabilizar esses objetivos.
- Criar uma reserva de emergências para saques eventuais e para cobrir imprevistos.
- Adotar uma pasta, caixa de sapatos ou gaveta para arquivar, provisoriamente, comprovantes de gastos.
- Estabelecer a meta de poupar, ao menos, 10% da renda familiar.
- Criar um mapa das datas de vencimento das contas.
- Determinar mesadas para cada membro da família, visando cultivar hábitos e controles individuais.
- Criar um sistema de arquivo morto. No dia da Faxina nas Contas, guarde as contas dos últimos 12 meses em envelopes e escreva "Descartar após dd/mm/aaaa", incluindo a data de descarte e o tipo de documento contido em cada envelope.
- Criar uma pasta para arquivos de notas fiscais de bens duráveis.
- Criar uma pasta para arquivar comprovantes que poderão ser utilizados na próxima Declaração de Imposto de Renda.
- Se sua renda varia, crie um método para mapear a renda ao longo do ano e adotar um padrão de vida estruturalmente enxuto e preparado para os períodos mais propensos ao consumo eventual.

CAPÍTULO 4

Declaração de Imposto de Renda: a hora da verdade

Quem não deve, não teme. Esse ditado pode ser trazido para o contexto da Declaração de Ajuste Anual de Imposto de Renda com a seguinte interpretação: se você não tem motivos para ser acusado de desonesto, não há com que se preocupar em relação às informações que transmite ao governo.

Historicamente, criou-se uma aura de terror em relação à prestação de contas, motivada por diversos fatores: informalidade nas relações de trabalho e nos contratos, prática generalizada de sonegação de impostos, temor de informar bens a governos ditatoriais e impunidade dos criminosos contra o fisco. A tecnologia aperfeiçoou a vigilância, identificou sonegadores e inviabilizou incontáveis práticas informais, o que resultou em queda na sonegação e na maior preocupação dos contribuintes com a correção de suas informações e de sua situação. Prestar contas passou a ser, cada vez mais, um convite à apuração precisa de sua realidade.

Como tudo que é pautado em lei no Brasil, a prestação de contas constitui-se em um complexo desafio em razão das incontáveis exigências legais e de um número muito maior de detalhes e senões das regras impostas. O volume de exigências assusta e leva a maioria das pessoas a contar com um contador ou terceiros para efetuarem suas declarações.

Minha opinião é de que essa é uma má escolha. Por mais que não se sinta em condições de elaborar sua declaração e prefira contar com terceiros, sugiro que você, ao menos, tente elaborar a declaração para você mesmo, sem a necessidade de envio à Receita Federal. O motivo está em dominar a técnica de prestar contas e em dominar melhor sua situação financeira. Nenhum outro documento reflete com mais perfeição a nossa situação patrimonial do que a Declaração de Imposto de Renda. Quando feita por terceiros, não nos preocupamos em entender a lógica, e perdemos a oportunidade de refletir sobre nossa evolução anual e adotar medidas para aperfeiçoá-la ao longo dos anos. No começo, use a declaração oficial elaborada por um especialista como uma espécie de gabarito para aquela declaração rascunhada por você. Por minha experiência com diversas famílias, após o segundo ano exercitando a declaração, o contribuinte já se torna um especialista em fazê-la, desde que esteja atento às notícias e aos guias publicados nos jornais. Recomenda-se que as primeiras declarações feitas pessoalmente sejam ainda submetidas a um contador, para verificação e validação.

Ao dominar sua Declaração de Ajuste Anual de Imposto de Renda, você encontrará mais oportunidades de reduzir o imposto a pagar ou de aumentar a restituição de imposto no ano seguinte. Pagar menos imposto, desde que seja dentro das regras da declaração, não é nenhum crime. Você deve, sim, batalhar por maneiras de restituir a maior parte que puder dos impostos que paga.

Não há outro motivo para você acreditar que a Declaração de Ajuste Anual de Imposto de Renda é trabalhosa: sua desorganização pessoal realmente torna a prestação de contas mais complicada. Diferentemente do que faz a maioria, o correto não é arregaçar as mangas para a declaração um mês antes de acabar o prazo proposto pela Receita Federal. A esta altura, qualquer vantagem que você poderia obter em relação a seus tributos já ficou para trás, e a única forma de pagar menos impostos é prestar informações inverídicas. Não faça isso, para seu bem e o bem de sua família. Não há tecnologia que proteja um sonegador. Uma declaração benfeita começa no dia 1º de janeiro e só termina mais de 12 meses depois, com o envio do documento à Receita Federal, no final do mês de abril. Durante um ano, você deve arquivar todos os comprovantes de gastos com educação, médicos, dentistas, psicólogos, terapeutas, hospitais, clínicas, laboratórios, planos de saúde, pensões pagas, doações, advogados, engenheiros, arquitetos e outros profissionais liberais, e aluguéis de imóveis. Mantenha arquivados também os DARFs[1] com pagamentos de Imposto de Renda feitos por você. Se estiverem bem organizados, basta consultar seu arquivo e ter em mãos os relatórios de instituições financeiras e de suas fontes de renda para poder fazer sua declaração pessoalmente e sem grandes dificuldades.

Mesmo quem não é obrigado a preencher a declaração de imposto de renda pode apresentá-la, se desejar. A vantagem ao fazer isso está na preparação para o ano em que o preenchimento passar a ser obrigatório, além da oportunidade de obter a restituição de eventuais retenções de imposto na fonte que tenham ocorrido durante o período apurado.

Regras de sobrevivência

Seguindo as seguintes orientações, sua declaração provavelmente cumprirá os requisitos necessários para não ser questionada:

- **Quem deve declarar.** Pessoas que residem no Brasil, que não sejam dependentes relacionados em declaração de outro titular e que estiverem em uma ou mais das seguintes situações:
  - Que tenha tido um total de rendimentos tributáveis, no ano-base (ano anterior ao que se presta a declaração), superior ao piso da renda tributável.[2] São exemplos de rendimentos tributáveis: a renda de trabalho assalariado ou autônomo, de aposentadoria ou pensão, de resgates de planos de previdência privada, do pró-labore de sócios de empresas e a receita de aluguel.
  - Que tenha obtido um total de rendimentos superior a R$40 mil, incluindo rendimentos isentos, rendimentos não tributáveis e com retenção na fonte. Saques do FGTS, doações, indenizações, dividendos, herança e rendimentos de aplicações financeiras estão incluídos neste critério.

---

[1] DARF = Documento de Arrecadação da Receita Federal, por meio do qual são pagos impostos federais como o imposto de renda.

[2] Em 2008, o piso tributável era R$16.473,72 no ano, ou R$1.372,81 ao mês. Para contribuintes com mais de 65 anos, o piso dobra.

- Cujo patrimônio (total de bens e direitos) ao final do ano-base seja igual ou superior a R$80 mil.
- Que tenha participado, em qualquer mês do ano-base, de cooperativa ou do quadro societário de empresa (mesmo que seja empresa individual), desde que o valor de constituição da cooperativa ou empresa seja superior a R$5 mil.
- Quem obteve, na venda de bens ou direitos durante o ano-base, lucro sujeito à incidência do imposto.
- Quem realizou, durante o ano-base, operações em bolsa de valores ou de mercadorias e futuros.
- Quem passou à condição de residente no Brasil durante o ano-base.
- Quem, na venda e compra de imóvel, optou pela isenção do Imposto de Renda, por destinar os recursos da venda à compra de imóvel residencial em prazo inferior a seis meses após a venda.

- **Quando declarar.** O prazo de envio é entre o início de março e final de abril de cada ano. Quanto antes a declaração for enviada, mais cedo sua restituição (se houver) será recebida e mais cedo você poderá perceber eventuais problemas que exijam correção. Se a correção for feita durante o prazo previsto para entrega, não será preciso fazer declaração retificadora, que tende a ir para a malha fina automaticamente. Porém, quem deixar para entregar mais próximo ao final do prazo, não terá motivos para reclamar. Mesmo que a restituição demore a cair na conta, ela será corrigida pela taxa Selic, sem incidência de mais tributação por esse ganho – não há melhor investimento em renda fixa do que esse. Por outro lado, quem não conseguir entregar a declaração até o final do prazo (meia-noite do dia 30 de abril) terá motivos de sobra para reclamar, pois há multa por atraso na entrega, mesmo que não haja imposto devido.
- **Documentos que alimentam a declaração.** Se você tiver em mãos todos os comprovantes das informações a serem prestadas, o preenchimento da declaração será rápido e pouco propenso a erros. Após a entrega da declaração à Receita Federal, todos os documentos em que se baseiam as informações prestadas devem ser guardados por um prazo de, pelo menos,

seis anos, que é o limite para que a Receita Federal exija esclarecimentos e prestação de contas. Os documentos necessários para a declaração são os seguintes:

- Informes de rendimentos de salários, distribuição de lucros, pró-labore, aluguéis, pensões, aposentadoria e similares.
- Comprovantes de férias vendidas, cujo imposto retido é restituído através da Declaração de Ajuste Anual.
- Informes de rendimentos de instituições financeiras, incluindo bancos e corretoras de valores.
- Controle de compra e venda de ações, com a apuração mensal de imposto de renda e os DARFs de impostos recolhidos sobre o ganho em renda variável.
- Informações e documentos que comprovem outras rendas recebidas, como doações, herança, resgate do FGTS, indenizações judiciárias e similares.
- Livro-caixa, no caso de autônomos.
- DARFs recolhidos pelo Carnê-Leão.
- Documentos que registrem venda ou compra de bens durante o ano-base.
- Documentos que comprovem dívidas assumidas durante o ano-base, incluindo dívidas que foram extintas no mesmo ano, se o valor foi superior a R$5 mil.
- Recibos de pagamentos feitos para planos de saúde e despesas médicas e odontológicas, sempre com a inclusão do CPF ou CNPJ do recebedor.
- Comprovantes de despesas com educação, com CNPJ da instituição de ensino.
- Comprovante de pagamento da previdência oficial (INSS).
- Comprovante de contribuições feitas a planos de previdência privada.
- Comprovantes de doações efetuadas.
- Recibos de contribuição previdenciária feita para empregados domésticos.
- Cópia da Declaração de Ajuste Anual entregue no ano anterior.

Como pagar menos imposto ou aumentar a restituição. O principal fator de economia de imposto de renda, no Brasil, é a declaração de despesas aceitas pela Receita Federal como dedutíveis da renda do ano-base. As deduções mais comuns são as seguintes:

- Contribuições à previdência social (INSS), que são deduzidas do salário na hora do cálculo do imposto devido. A informação do total recolhido no ano é obrigação do empregador.
- Pensões alimentícias pagas em cumprimento a decisões judiciais também são abatidas integralmente de sua renda tributável.
- Despesas com médicos, dentistas, psicólogos, hospitais, exames laboratoriais e aparelhos ortopédicos e dentários.
- Contribuições à previdência privada (PGBL), limitadas a 12% dos rendimentos tributáveis, são deduzidas do total da renda para o cálculo do imposto devido. Só faz jus a esse benefício quem também contribui para uma previdência oficial.
- Gastos com instrução do contribuinte, dependente e alimentando legal (exigido por obrigação judicial).[3]
- Número de dependentes relacionados na declaração.[4]
- Contribuição ao INSS em nome do empregado doméstico, limitado a apenas um empregado doméstico.[5]
- Doações, limitadas a 6% da renda, a fundos controlados pelos Conselhos Municipais, Estaduais e Federais dos Direitos da Criança e do Adolescente. Doações a quaisquer outras entidades assistenciais não são dedutíveis.

O que deve ser declarado

O objetivo da Receita Federal não é saber o que você tem, mas, sim, quanto ganhou durante o ano e cobrá-lo do cumprimento da obrigação de dividir seus ganhos com a nobreza. Porém, mesmo em

[3] Em 2008, a dedução da renda tributável por educação era de até R$2.592,29 por pessoa.

[4] Em 2008, cada dependente permitia a dedução de R$1.655,88 anuais da renda tributável.

[5] Em 2008, o limite de dedução da renda por contribuição patronal ao INSS era de R$651,40 anuais.

situações em que a declaração de bens e direitos não se mostra obrigatória, é sensato incluir em sua declaração tudo aquilo que, um dia, pode vir a ser fonte de lucro.

A ficha de Bens e Direitos da declaração serve para descrever o patrimônio do contribuinte e de seus dependentes, incluindo imóveis, automóveis, conta corrente, investimentos, participação em empresas e similares, ao valor da data de aquisição.

A variação patrimonial de um ano para outro deve ser compatível com os rendimentos declarados, para que esta não caia em malha fina por inconsistência nas informações. A cada ano, bens vendidos devem ser baixados da declaração, informando os dados da venda (incluindo CPF ou CNPJ do comprador). Bens adquiridos com os recursos da venda ou outros recursos devem também ser relacionados. Os bens de valores inferiores a R$5 mil não precisam ser declarados, a não ser no caso de automóveis e embarcações, que sempre devem constar da declaração. Investimentos e saldos em conta corrente acima de R$140[6] devem sempre ser declarados.

O valor de bens não vendidos não varia de uma declaração para outra. Isso vale também para carteira de ações, cujo valor informado deve ser sempre o da data de aquisição dos papéis. Benfeitorias em imóveis podem ser declaradas, desde que possam ser comprovadas por notas fiscais e recibos válidos, incluindo o CPF ou o CNPJ de quem recebeu os pagamentos.

A declaração de saldos em fundos de investimentos é bastante simples, devendo ser informados de acordo com o informe de rendimentos enviado por cada instituição em que você possui conta.

Como declarar um item financiado ou comprado a prazo

Imóveis, automóveis e bens de grande valor adquiridos por meio de financiamento devem ser informados na ficha de Declaração de Bens, com seu respectivo código. Ao preencher o campo Discriminação, é necessário identificar o bem (chassi do automóvel ou endereço do imóvel, por exemplo), nome e CPF ou CNPJ de quem vendeu e condições do financiamento com a contraparte (prazo, taxa de juros, fator de correção monetária e condições particulares).

---

[6] Critério vigente em 2009.

Se a aquisição ou financiamento ocorreu no ano-base, informe o saldo inicial igual a zero. No saldo final, em 31 de dezembro do ano-base, informe o total pago durante aquele ano, incluindo entrada e prestações. O saldo devedor não deve ser informado.

Se você informasse o valor total do bem adquirido e a dívida junto ao credor, eventuais correções monetárias aumentariam seu desembolso ao longo do pagamento das prestações. Ao final, você ainda teria o bem declarado pelo preço da data de aquisição, mas também teria um total de desembolsos maior (corrigido). Em uma venda futura, o lucro apurado seria maior do que o real, baseado no valor de aquisição, o que o levaria a pagar mais imposto do que o devido.

A declaração a dois

Contribuintes casados têm duas opções: apresentar duas declarações separadamente ou uma declaração conjunta, em que um dos dois entra como dependente. Saber qual das duas opções é a mais vantajosa exige análise prévia e, em alguns casos, uma simulação de cada situação para identificar qual proporciona resultado mais vantajoso.

Em geral, quando ambos têm renda tributável, que pode gerar restituição de imposto por meio da declaração, a melhor alternativa é efetuar duas declarações separadas.

As razões para o trabalho dobrado se mostrar mais vantajoso são as seguintes:

- Ao declarar os rendimentos de cada um separadamente, a faixa de isenção da tabela de Imposto de Renda (renda até a qual a alíquota de imposto é nula) é contada em dobro.
- Dependendo da renda de cada um, a alíquota total de imposto pode ser menor do que na declaração conjunta, em razão de os rendimentos totais serem menores.
- No modelo simplificado, cada um dos declarantes substitui todas as deduções previstas por um desconto de até 20% da renda para apurar o imposto devido, até o limite estabelecido no ano-base.[7] Na declaração conjunta, o limite só pode ser

[7] Em 2008, o limite do desconto era de R$12.194,86.

usado uma vez. A partir de 2008, a simulação das declarações completa e simplificada passou a ser feita pelo próprio sistema da declaração, facilitando a escolha da opção mais vantajosa para o contribuinte.

Quando o casal opta pela declaração separada, cada um dos dois informa o total dos rendimentos próprios (obtidos com o trabalho, por exemplo) e 50% dos rendimentos produzidos pelos bens comuns (como aluguéis de imóveis e dividendos de empresas), compensando 50% do imposto retido ou pago, independentemente de qual dos cônjuges tenha efetuado o recolhimento ou sofrido a retenção. Opcionalmente, um dos cônjuges pode informar em sua declaração os rendimentos próprios e também o total dos rendimentos produzidos por bens comuns, desde que o outro não os inclua também em sua declaração.

Dependentes comuns, como filhos, não podem constar da declaração de ambos, assim como o pagamento de despesas dedutíveis.

No caso da declaração conjunta, a apresentação é feita em nome de um dos cônjuges, abrangendo todos os rendimentos e bens do casal. Essa modalidade tende a se tornar vantajosa quando um dos dois não teve rendimentos tributáveis no ano-base ou, se teve, conta com valores elevados em despesas dedutíveis, como despesas médicas, em seu nome.

Erros a serem evitados

A consequência de uma declaração de ajuste anual mal preenchida é uma só: cair na chamada malha fina, que é a fiscalização mais rigorosa de sua declaração, decorrente de inconsistências identificadas pelos sistemas da Receita Federal. Por sua vez, cair na malha fina pode resultar em três possíveis consequências: atraso em sua restituição, muita dor de cabeça e perda de tempo para comprovar o que foi declarado e uma multa por declaração indevida que resulte em apuração de tributo devido menor do que a real.

São raros os casos em que estar na malha fina não seja consequência de erros ou más escolhas do próprio contribuinte. A identificação de irregularidades costuma ser feita sem a interferência de fiscais, mas sim por sistemas estatísticos lógicos. Às vezes por desconhecimento, às vezes por pressa, os erros que resultam em retenção das declarações são primários e poderiam ser evitados com uma revisão atenta do conteúdo e da razoabilidade do que foi informado.

Segundo especialistas em tributos, dentre os problemas mais comuns, que resultam na retenção das declarações pela Receita Federal, estão:

- Não informar rendimento recebido, como honorários ou aluguel, ou, então, informar valor diferente do que foi declarado por quem pagou.
- Informar despesas médicas inexistentes, não confirmadas na declaração de imposto de renda do prestador do serviço.
- Indicar dependentes que apresentam declaração separadamente ou que constam como dependentes da declaração de outro contribuinte.
- Não informar operações em bolsa de valores ou informar operações divergentes daquelas que as corretoras informam indiretamente, por meio do recolhimento de um imposto de renda reduzido (alíquota de 0,005%) sobre o lucro das operações de seus clientes.
- Omitir o recebimento de pensão alimentícia pelo titular ou dependente, tendo deixado de recolher o imposto no momento devido, por meio do Carnê-Leão.
- Apresentar sinais exteriores de riqueza inconsistentes, como imóveis, automóveis e aplicações financeiras incompatíveis (nos critérios da Receita Federal) com a renda declarada.
- Apresentar rendimentos incompatíveis com sua movimentação financeira. As instituições financeiras são obrigadas a informar à Receita Federal os depósitos acima de R$12 mil em conta corrente e o somatório de depósitos em conta superiores a R$80 mil durante o ano-base.
- Apresentar rendimentos incompatíveis com a movimentação registrada em faturas de cartão de crédito. As administradoras de cartões de crédito são obrigadas a entregar à Receita Federal uma declaração mensal chamada Decred, que lista todos os clientes com despesas acima de R$5 mil no mês.
- Informar doações inexistentes em dinheiro, com o propósito de promover acerto na declaração de terceiros. Uma vez na

malha fina, a Receita exigirá a comprovação das movimentações por meio de extratos bancários ou outros documentos considerados válidos.

- Informar venda de imóvel por valor diferente do declarado no cartório ou na declaração do comprador, visando evitar ou reduzir a tributação sobre o ganho de capital.

Eventualmente, mesmo com todos os cuidados tomados, sua declaração pode cair na malha fina por fatores aleatórios ou mesmo por erro nas declarações de contribuintes que se relacionaram com você no ano-base. Sendo convocado a prestar contas, não há com o que se preocupar se você realmente tiver documentado todos os comprovantes das informações prestadas.

Iniciativas para seu projeto pessoal

- Criar uma pasta para arquivar comprovantes que poderão ser utilizados na próxima Declaração de Imposto de Renda.
- Manter contato com um contador que possa rever sua declaração ou processo de restituição, quando surgirem dúvidas ou inconsistências.
- Para cada declaração enviada, arquivar (por seis anos) um envelope com cópia da declaração e de todos os comprovantes das informações nela prestadas.

CAPÍTULO 5

Compras: prepare-se para elas

Tudo que você compra ou consome decorre de sua vontade de consumo. Ter um teto para morar é uma necessidade, mas optar por moradia própria, em um bairro que lhe agrade e com o número de dormitórios que mantenha a família confortável é uma vontade sua. Em uma mesma cidade, há casais que moram em apartamentos de quatro dormitórios e há famílias de dez membros que compartilham um barraco de um cômodo. Você já deve ter percebido que querer não é o mesmo que poder.

Clichês à parte, cabe destacar que a essência do planejar envolve desejar algo, estudar os caminhos para viabilizar seu desejo, escolher o melhor caminho e agir, ou seja, percorrer um caminho parecido com o que foi planejado. A vontade, pura e simplesmente, não o leva a lugar algum. O planejamento não é garantia de alcançar o sucesso. A ação sem planejamento pode levá-lo a dar mais voltas do que você gostaria. Contudo, desejo, mais planejamento e mais ação inevitavelmente o aproximarão de seus objetivos. Querer, portanto, é o primeiro passo para poder.

Imagine algumas das coisas que você tem vontade de fazer, como comprar uma casa, um carro, uma moto, uma geladeira, viajar, pagar estudos, casar etc. Definir exatamente essas metas de consumo, o prazo em que irá realizá-las e o custo, em consenso com sua família, é fundamental para consegui-las em menos tempo e com menos dinheiro.

Se você acredita que costuma se planejar para as compras, façamos três pequenos testes. Primeiro, pense em como costuma ser sua decisão de compra de um bem de alto valor, como um carro ou uma casa.

Você normalmente troca de carro quando precisa de dinheiro, vendendo o seu à vista e comprando um novo por meio de financiamento.

Geralmente paga o máximo que pode na entrada, e financia o restante.

Só compra à vista, quando tem poupança suficiente para isso.

Se você normalmente troca de carro quando precisa de dinheiro, vendendo o seu à vista e comprando um novo por meio de financiamento, está certamente desperdiçando muito dinheiro. Pela lógica dos financiamentos, que será explicada no Capítulo 6, pagamos juros no início do plano e só quitamos o veículo nas últimas parcelas. Ao trocar de automóvel antes de quitar o financiamento, estamos dando de entrada um bem que será avaliado bem abaixo de seu preço de tabela (pois ainda haverá parte do valor dele a pagar para a financeira) e teremos que assumir uma dívida maior do que a que assumiríamos se o bem antigo já estivesse quitado.

Juntar dinheiro por vários anos para pagar à vista é, matematicamente, a melhor solução, mas pode não ser a mais conveniente. Por outro lado, optar por um veículo compatível com seu bolso, que possa ser pago com uma entrada que represente mais de 50% de seu valor, e financiar o restante por prazos não muito longos, até 24 meses, é uma escolha inteligente.

Segundo teste. Pense em como é seu comportamento de compras em geral:

- ☐ Quando precisa de algo, compra na primeira loja que encontra.
- ☐ Você é fiel a determinadas lojas e costuma fazer suas compras sempre nos mesmos estabelecimentos.
- ☐ Você pesquisa preços em grande parte de suas compras, por meio de anúncios, telefonemas ou visitas a diversos estabelecimentos.

A fidelidade burra é uma verdadeira armadilha. Chamo de fidelidade burra aquela que não reverte em benefício para você. Se é hábito seu comprar em determinadas lojas porque você gosta do ambiente, do vendedor ou do cafezinho que recebe, ou mesmo dos produtos diferenciados que lá encontra, deixe clara sua fidelidade e exija do vendedor e do lojista a reciprocidade. Clientes fiéis merecem mais do que carinho; merecem condições melhores do que as que são dadas a clientes comuns. Se você se mostrar tão fiel a ponto de o vendedor acreditar que não concorre com outra loja, ele não precisará trabalhar para mantê-lo como cliente.

Se você é fiel a determinada marca de roupas, deixe isso claro em suas compras, mas deixe claro também que você está propenso a trocar todo o seu guarda-roupa por outra marca se receber atendimento melhor em outra loja.

Não seja fiel a lojas que vendem commodities, produtos comuns encontrados em qualquer loja, como supermercados e lojas de eletrônicos. Cultive o hábito de pesquisar e compre na loja que lhe ofereça a melhor relação custo-benefício. Não vale a pena, por exemplo, rodar quilômetros para fazer compras em um supermercado cujos preços não sejam ao menos 5% inferiores, em média.

Por falar em supermercado, vamos a nosso terceiro teste. Como você faz suas compras de supermercado?

Vai ao supermercado sempre que sente falta de algo.

Faz a "compra do mês" deixando para pesquisar na prateleira tudo de que precisa de uma única vez, a cada três ou quatro semanas.

Elabora uma lista de necessidades e procura comprar estritamente o que estava planejado, a cada duas ou três semanas.

Nosso comportamento de consumo no supermercado reflete nossos maus hábitos, como a falta de planejamento e a compulsão no consumo. Ir às compras no momento em que algo falta, traduz-se em desperdício de tempo e de dinheiro. Cada ida às compras envolve um deslocamento e seu respectivo gasto com gasolina, ônibus ou táxi (sim, em São Paulo usamos o táxi para ir ao supermercado). Se temos o privilégio de contar com um supermercado próximo de casa, no mínimo há o desperdício de tempo, nosso recurso mais valioso.

Por outro lado, intervalar as compras a ponto de ter mais de três semanas entre uma e outra pode até resultar em economia de escala no tempo e no transporte, mas essa escolha nos priva de uma boa pesquisa de preços e nos obriga a comprar mais do que queremos.

Nosso cérebro funciona mais ou menos assim:

- se não sabemos o preço real de um produto, todas as plaquinhas escritas "oferta", "promoção" ou "imperdível" (em geral, mentirosa) nos passarão a impressão de oportunidades;
- se não temos certeza se um produto está em falta em casa ou não, compramos mesmo assim, para não ter que sentir a falta dele por mais quatro semanas;
- mesmo quando sabemos a quantidade de produtos que consumimos em um mês, compramos mais do que a necessidade, pois "vai que a próxima compra atrase"?

Nas idas ao shopping não é diferente. Sair às compras sem saber o que se quer, sem pesquisar preços e com a certeza de que fará compras na loja que serve um cafezinho é certeza de dinheiro jogado fora.

Para ajudá-lo a melhorar suas escolhas, comprar mais e gastar menos, montei um roteiro de orientação para as compras, a fim de que você possa usá-lo a partir de hoje. Como no orçamento doméstico, iniciar o uso desse roteiro poderá lhe parecer um desgastante e desnecessário consumo de tempo; porém, sugiro que você comece a praticá-lo aos poucos, absorvendo as rotinas que lhe parecem mais acessíveis. Quando você menos perceber, terá automatizado um interessante processo decisório na rotina de compras.

Preparando-se para as compras cotidianas

A lista. Adote o hábito de fazer uma relação dos itens que deseja comprar antes de sair às compras. Seja para compras de supermercado, idas ao shopping ou para as lembranças da viagem de férias, ter uma referência do que quer ajuda-o a focar na pesquisa de preços e lhe permite economizar tempo para outras atividades. Além disso, você estará menos propenso a cair na armadilha do tipo "deixa eu ver o que tem nessa seção".

O teto. Não saia de casa sem saber a verba disponível para o consumo pretendido. Se for viável consultar no orçamento a verba já gasta no mês, melhor. Na pior das hipóteses, consulte ao menos seu extrato bancário e do cartão de crédito, caso pense em pagar as compras com o conveniente dinheiro de plástico.

Quando o teto é baixo. Se você planeja comprar algo para o qual sabidamente não tenha recursos para pagar, faça as contas em casa e tenha em mente os limites para um possível financiamento: prestação máxima a pagar, limites para a taxa de juros que quer assumir, prazo máximo para o contrato de financiamento.

Barriga cheia. Provavelmente você já ouviu dizer que, se formos ao supermercado com fome, nosso cérebro nos fará comprar mais alimentos do que realmente precisamos. Isso vale também para compra de roupas. Antes de ir ao shopping aproveitar as oportunidades, faça uma varredura em seu guarda-roupa e, seguindo a recomendação anterior, anote o que você sente que está em falta. Ao rever nosso estoque pessoal, muitas vezes encontramos peças de roupas que estávamos usando pouco ou que havíamos esquecido de colocar em uso. Isso ajuda a evitar a compra de itens que já temos.

Pesquise sempre. Desenvolva o hábito de conhecer o preço daquilo que você compra regularmente ou que gostaria de comprar. Se tiver dificuldades para isso, faça uma lista de compras genérica, relacionando os itens que você sempre compra, e anote os preços a cada compra. Os supermercados também costumam distribuir, pelas casas e prédios do bairro, folhetos com as promoções da semana. Tais folhetos poupam-nos de uma pesquisa, pois os produtos anunciados costumam ter preços equivalentes ou abaixo da concorrência. Bens duráveis, como livros, eletrônicos, equipamentos esportivos, material escolar e brinquedos, podem ter seus preços pesquisados na internet, em serviços de comparação como o www.buscape.com.br, o www.transhopping.com.br e o www.bondfaro.com.br.

Preparando-se para as compras de grande valor

A compra de bens de grande valor, como eletrodomésticos, automóveis, pacotes de viagem e outros sonhos de consumo, exige preparação mais cuidadosa do comprador. Se não se preparar para a aquisição, será preciso tomar dinheiro emprestado e pagar juros que encarecerão significativamente a compra. Com um pouco de planejamento, em vez de pagar a mais, você poderá gastar menos do que vale sua aquisição, usando o dinheiro adquirido com os juros de sua poupança.

Além da necessidade da pesquisa e do cuidado de sair de casa com a barriga cheia (saiba muito bem o que você NÃO quer comprar), recomenda-se incluir outros ingredientes nessa preparação:

Defina objetivos de consumo. Defina seus objetivos de consumo em curto, médio e longo prazos. É muito importante que os objetivos sejam acordados com a família, assim, os familiares poderão contribuir e incluir objetivos importantes para sua realização. Faça uma lista, por escrito, desses objetivos, com os seguintes itens: a) liste todos os objetivos; b) estime o custo de cada objetivo; c) defina o prazo em que você deseja realizar cada objetivo, colocando a data em que cada um será realizado (dia/mês/ano); d) estabeleça a prioridade de cada objetivo, com notas de 1 a 5, sendo 1 o objetivo com maior prioridade e 5 o de menor prioridade; assim, você terá definido, em consenso com sua família, o que é mais importante para vocês, como, por exemplo, viajar, trocar o carro ou garantir a independência financeira (sim, ela deve se somar aos demais objetivos de consumo).

Veja um exemplo dessa lista de prioridades:

Objetivo	Custo	Prazo	Conclusão	Prioridade
Independência financeira	R$1.500.000	20 anos	dd/mm/aaaa	1
Reformar a casa	R$10.000	2 anos	dd/mm/aaaa	5
Trocar de carro	R$12.000	1 ano	dd/mm/aaaa	3
Bicicleta das crianças	R$400	6 meses	dd/mm/aaaa	4
Férias na praia	R$2.000	8 meses	dd/mm/aaaa	2
Televisão de plasma	R$3.000	1 ano	dd/mm/aaaa	6

Monte seu plano. Com objetivos definidos e acordados com a família, você pode montar o planejamento para conquistá-los da seguinte maneira:

1. Determine o melhor investimento para cada objetivo. Escolha investimentos mais arrojados, como ações ou fundos de ações para prazos de realização acima de 5 anos, e investimentos mais conservadores, como DI, RF ou poupança para prazos de até 1 ano.[1]
2. Calcule quanto investir por mês para cada objetivo, utilizando a tabela a seguir. Use uma média mensal da rentabilidade de seu investimento nos últimos 24 meses como estimativa para as contas.
3. Some o investimento mensal de cada objetivo, para analisar e adequar à realidade (o total deve ser menor do que as sobras de seu orçamento).
4. Se necessário, adie ou elimine alguns objetivos para que os mais importantes caibam em seu orçamento. Usando a tabela a seguir, você consegue simular o aumento do prazo ou as consequências de diferentes desempenhos em seus investimentos, adequando os sonhos a sua possibilidade de poupança.

TABELA DA ACUMULAÇÃO DE R$1.000 COM RECEBIMENTO DE JUROS

Prazo em anos Taxa de juros/mês	1	2	3	4	5	10	15	20	25	30
0,30%	81,97	40,25	26,35	19,40	15,24	6,94	4,20	2,85	2,06	1,55
0,35%	81,74	40,01	26,11	19,17	15,01	6,72	4,00	2,67	1,89	1,39
0,40%	81,52	39,78	25,88	18,94	14,78	6,51	3,80	2,49	1,73	1,25
0,45%	81,29	39,55	25,65	18,71	14,56	6,30	3,62	2,32	1,58	1,12
0,50%	81,07	39,32	25,42	18,49	14,33	6,10	3,44	2,16	1,44	1,00
0,55%	80,84	39,09	25,19	18,26	14,11	5,91	3,27	2,01	1,31	0,89
0,60%	80,62	38,86	24,97	18,04	13,90	5,71	3,10	1,87	1,20	0,79
0,65%	80,40	38,64	24,74	17,82	13,68	5,53	2,94	1,74	1,09	0,70
0,70%	80,17	38,41	24,52	17,60	13,47	5,35	2,79	1,62	0,98	0,62
0,75%	79,95	38,18	24,30	17,39	13,26	5,17	2,64	1,50	0,89	0,55
0,80%	79,73	37,96	24,08	17,17	13,05	4,99	2,50	1,39	0,81	0,48
0,85%	79,51	37,74	23,86	16,96	12,85	4,83	2,37	1,28	0,73	0,42
0,90%	79,29	37,52	23,64	16,75	12,64	4,66	2,24	1,19	0,66	0,37
0,95%	79,07	37,29	23,43	16,54	12,44	4,50	2,12	1,10	0,59	0,33
1,00%	78,85	37,07	23,21	16,33	12,24	4,35	2,00	1,01	0,53	0,29

[1] Veja o detalhamento dessa estratégia no Capítulo 9.

A tabela anterior mostra quanto poupar por mês, dada a rentabilidade líquida obtida em seu investimento,[2] para conseguir formar uma massa de recursos de R$1.000. Para valores diferentes, basta trabalhar com múltiplos. Suponhamos que você queira economizar durante cinco anos para fazer uma festa que custe R$10.000. A rentabilidade líquida que você consegue é 0,65% ao mês. Pela tabela, você teria que poupar R$13,68 (número destacado) ao mês em sua aplicação para formar R$1.000 daqui a cinco anos. Como seu objetivo é de dez vezes esse valor, você terá que poupar dez vezes mais, ou seja, R$136,80 ao mês. Caso queira antecipar a festa em um ano, o valor mensal sobe para R$178,20, conforme se observa pelo valor imediatamente à esquerda na tabela. Observe também como prazos mais longos facilitam a conquista de sonhos. Uma vez iniciada a busca de um objetivo, o investimento mensal para alcançá-lo será tratado no orçamento como uma espécie de despesa fixa, porém no campo destinado a investimentos, conforme se verá no Capítulo 9.

Fidelidade aos objetivos. Uma vez realizados a definição e o planejamento de seus objetivos, mantenha o foco! Revise periodicamente seu planejamento, sem a preocupação de manter-se totalmente preso às regras que criou. Mas, cuidado para não mudar por qualquer impulso de consumo, o que irá comprometer os objetivos realmente importantes. Antes de assumir gastos que atrapalharão seu planejamento, reflita em casa (nunca em uma loja), com calma, sobre o que realmente é mais importante para você e sua família. Você prefere uma televisão de plasma agora e demorar cinco anos a mais para atingir a independência financeira? Prefere televisão de plasma a trocar de carro ou, ainda, a viagem? A escolha é sua, ou de sua família.

Controle seu desempenho. Acompanhe mensalmente a realização de seus investimentos e compare-a com o planejamento dos objetivos. Recalcule quanto falta para cada meta e quanto você já possui. Esse exercício pode ser um grande motivador para focar no seu plano e, se necessário, perseguir e encontrar os investimentos adequados para o sucesso. Assim, você garante que os objetivos definidos serão conquistados quando planejados.

---

[2] Conforme explicado no Capítulo 1.

Como agir durante as compras

Você montou sua lista de compras, comparou preços, analisou o orçamento antes de sair de casa, estudou o que já possuía e está seguindo um plano de médio ou longo prazo para gastar menos com seus objetivos. Suficiente? Não, pois, se você não tomar alguns cuidados, poderá cair facilmente nas diversas armadilhas de vendas do comércio.

Em geral, deixamos de fazer negócios melhores por desatenção, despreparo e ingenuidade. Essa afirmação pode parecer exagerada, mas acredito que você sabe que vendedores são continuamente treinados a estarem permanentemente vigilantes, munidos de argumentos e sem qualquer pudor em relação aos problemas financeiros do comprador.

Cabe a você munir-se de ferramentas e estratégias de consumo que podem lhe render bons descontos e compras mais eficientes:

Atenção à comunicação. Pessoas educadas procuram se relacionar com outras pessoas de maneira civilizada e gentil. Esse é nosso ponto fraco. Ao respondermos educadamente a perguntas de um vendedor, estamos indiretamente transmitindo a ele nossa frequência de conversa. Se somos monossilábicos, ele estabelecerá esse padrão de comunicação. Se queremos conversa, o vendedor passa a ser um discursador. Essa comunicação correspondida cria uma sintonia interpessoal que nos torna mais abertos a propostas e ofertas feitas pelo vendedor, e dificulta as recusas. Esse é o primeiro ponto a trabalhar: você é uma pessoa fantástica, mas provar isso a um vendedor não mudará sua vida.

Evite se socializar. Não confunda loja com clube. Se você entrar no jogo e simpaticamente corresponder ao bate-papo aparentemente despretensioso do vendedor, cairá em uma das mais óbvias armadilhas. Uma vez envolvido pelo sentimento de afinidade ou amizade, você jamais assumirá postura agressiva nas negociações. É como negociar com um amigo (de verdade) ou um parente: tendemos a abrir mão de nossa margem, valorizando o lucro no relacionamento. Seja, portanto, duro e desvie de conversa fiada antes de fechar negócio.

Não demonstre sentimentos. Se você demonstrar que gostou muito do produto que lhe está sendo apresentado, seja por um sorriso estampado no rosto, por uma celebração entre você e seu(sua) companheiro(a) ou por lágrimas de emoção, já estará dado o código de que o vendedor precisa. Neste momento, ele saberá que, se depender de seu lado emoção, a compra está fechada. Basta apenas converter seu lado razão, o que também não é difícil com algum treinamento. A indiferença é sua arma. Mantenha-se frio, mesmo que seja diante de seu sonho de consumo.

Pagamento à vista = desconto. Esse é um ponto polêmico, pois o comércio tenta nos convencer de que essa ideia é falsa. Definitivamente, não é. Se uma loja parcela seus recebimentos, possui custo financeiro ao repassar suas duplicatas e pré-datados e, por isso, tem condições de dar um desconto para um único pagamento. Se não o faz é porque não quer. Também não é obrigada a fazer. Há financeiras e operadoras de cartão de crédito que oferecem comissões aos lojistas que fecham negociações por meio dos produtos dessas empresas (financiamentos e cartões de crédito), o que realmente acaba fazendo da compra a prazo uma opção mais vantajosa para o lojista. Isso o desestimularia a promover descontos na venda à vista. Entretanto, se o produto que você quer é encontrado em várias lojas do varejo, pesquise. Provavelmente você encontrará algumas com negociações diferenciadas com os fabricantes ou, então, lojas sem vínculo com financeiras e operadoras de cartão, que provavelmente oferecerão condições interessantes para quem barganhar.

Negocie sempre. Não perca uma oportunidade sequer de negociar. Se há um vendedor auxiliando na escolha do produto, esprema-o para conseguir preços e condições melhores. Apele para a sensibilidade, para sua fidelidade à marca, para sua "intenção" de voltar futuramente e comprar mais. Quando conseguir o que acredita ser o melhor que o vendedor pode fazer, parta para o gerente da loja e use a mesma tática. Não tenha pressa de finalizar a compra. Faça teatrinho, dizendo que abandonará o que separou. Quando conseguir o que acredita ser o melhor que o gerente pode fazer por você, peça licença para ir ao banheiro ou tomar uma água e leia a recomendação seguinte.

Controle seus impulsos. Jamais tome a decisão de compra na frente do vendedor ou dentro da loja. Nos centros de estudo do varejo, lojas recebem a denominação de "ambientes de sedução", com cores, aromas, música e decoração arquitetados especificamente para nos induzir à compra por impulso. Experimente negociar, pedir para separar o item negociado e, então, sair da loja para dar uma voltinha. Você perceberá nitidamente que seus impulsos para a compra se refrearão e seus argumentos pessoais voltarão a ser mais racionais. Mais da metade das compras que seriam feitas são abandonadas quando o comprador deixa para decidir fora da loja. Se lhe faltarem argumentos para sair da loja, apele para a fisiologia: diga que está apertado para ir ao banheiro. Ninguém recusa esse argumento.

Tenha o negociador a seu lado. Sou especialista no assunto, rápido nas contas, habilidoso pesquisador e profundo conhecedor de técnicas de venda, pois vivo em congressos de vendedores. Por outro lado, tenho coração mole. É de minha natureza. Isso dificulta qualquer negociação, pois só me sinto bem se meu interlocutor estiver realmente feliz. Por esse motivo, Adriana, minha esposa e parceira em todas as decisões, está sempre comigo em todas as situações de compra. Ela é meu trunfo nos negócios, pois, apesar de não tentar entender nada de números ou de artimanhas do comércio varejista, foi vendedora de sucesso por muitos anos e mantém seus vícios de trabalho. Recomendo o mesmo: se você está entre os 50% da população que sabem que não negociam bem, não tente inventar a roda; leve um negociador com você, sempre.

Acredito que, com as orientações transmitidas neste capítulo, suas compras serão mais produtivas e seu dinheiro renderá mais. Mas, como é impossível antecipar todos os nossos sonhos ou necessidades, haverá situações em que um gasto será oportuno ou necessário, mas você não terá recursos para isso. A única solução será pedir emprestado. Dívidas devem ser evitadas a qualquer custo? Não, desde que você tenha consciência do que estará contratando. Vamos tratar, então, no próximo capítulo, de uma das maiores dádivas do mundo atual: a oportunidade de consumir com recursos que ainda não temos.

Iniciativas para seu projeto pessoal

- Deixe sempre à mão uma agendinha ou bloco de notas para criar, aos poucos, sua lista de compras para a próxima ida ao supermercado.
- Estabeleça a rotina de consultar seus extratos e verbas disponíveis antes de cada saída para compras.
- Elabore uma relação dos itens que você normalmente consome no supermercado e imprima ou desenhe uma lista com várias colunas em branco. A cada compra, anote os preços dos produtos para formar um histórico e adquirir a real noção dos preços do que você consome. Se preferir, essa pode ser sua lista de compras. Uma vez impressa, bastará marcar os itens que serão comprados da próxima vez.
- Monte sua tabela pessoal/familiar de objetivos de consumo, priorizando-os em um ranking.
- Habitue-se a fazer cálculos de matemática financeira para projetar suas conquistas ao longo do tempo. Além da tabela fornecida neste capítulo, você encontra bons simuladores gratuitos na seção Simuladores de meu site www.maisdinheiro.com.br.
- Planeje uma estratégia pessoal de negociação antes de ir às compras. No começo, anote por escrito as dicas que considera mais úteis. Com o tempo, você se tornará um comprador profissional.

CAPÍTULO 6

Crédito: organize-se para usá-lo a seu favor

Para quem acredita que o cuidado de nossas finanças limita-se aos gastos e aos investimentos, cabe um importante alerta: nada é mais importante em sua vida financeira do que seu crédito. Porém, como nossa limitada educação financeira faz do crédito um conceito vago e abstrato para a maioria das pessoas, é em torno do mau uso deste que as instituições financeiras montam sua estratégia e realizam seus lucros no Brasil.

Graças ao crédito, vivemos em lares melhores do que os que construiríamos com nosso próprio suor, pois podemos comprá-los de empresas que usam capital e tecnologias caras para construí-los. Também é graças ao crédito que podemos nos mudar para esses lares ainda jovens e contar com os mesmos itens de conforto de que nossos pais desfrutam. Numa visão mais ampla, o crédito nos permite contratar planos de saúde, que, por sua vez, asseguram que seremos atendidos em caso de emergência, por mais grave que seja. Depois se discute se devemos algo para alguém ou não.

Quanto mais bem avaliado for nosso crédito, mais limites teremos no cheque especial e no cartão de crédito, mais baratos serão nossos juros, menos tarifas pagaremos, mais mimos receberemos de nossos bancos e prestadores de serviços financeiros. Se seu banco não tenta agradá-lo ao menos uma vez ao ano com brindes, descontos, convites ou presentes, você tem um longo trabalho a fazer por você mesmo.

Não é difícil entender o conceito de crédito. Basicamente, você deve fazer os outros – principalmente instituições financeiras – acreditarem que você tem a vida financeira tão equilibrada que eles pouco terão a melhorá-la com os serviços ou produtos que se esforçam para vender. Instituições financeiras lucram em cima das dificuldades de seus clientes, mas clientes com problemas lhes consomem recursos e dão trabalho para serem administrados. Na verdade, os melhores clientes dos bancos são os que menos precisam de seus serviços, pois são clientes que possuem comportamento mais previsível. Investem regularmente, só assumem financiamentos que conseguem pagar com o pé nas costas, não usam o limite do cheque especial e gastam todos os meses no cartão de crédito valores elevados e que oscilam pouco. Os bancos não precisam dedicar horas de um gerente para convencer bons clientes a contratarem produtos lucrativos para a instituição, pois esses clientes naturalmente têm a iniciativa de contratar o que lhes convém.

Seu desafio é convencer seu banco de que você é um bom cliente ou, se não for ainda, que está no caminho certo para se tornar um excelente cliente em poucos anos. Isso envolve apresentar um bom histórico de uso de crédito, um saldo crescente em investimentos, uma carteira de seguros contratados para garantir o bem-estar da família, estabilidade na carreira, evolução em sua renda e formação profissional, pontualidade no pagamento de seus compromissos, organização em suas contas (usando, por exemplo, serviços de débito automático de seu banco) e boa argumentação ao estudar produtos financeiros, fruto de pesquisas prévias anteriores a conversas com um especialista.

Parece uma missão impossível zelar por tantos pontos, mas poderia ser pior. Em países como Estados Unidos e Canadá, seu histórico de saúde, notas escolares e fichas criminal e de trânsito também contam pontos na hora de negociar um financiamento. O fato é que, a partir do momento em que você decide ter uma vida mais regrada e age para isso, os processos vão se automatizando um a um em sua mente e, quando você se dá conta, já está com uma postura de crédito mais saudável.

Erros comuns em seu crédito pessoal

Eis alguns hábitos comuns no mundo do crédito que prejudicam o nome dos consumidores e tornam o acesso aos produtos de crédito mais caro e difícil:

Evitar o uso do crédito. Crédito não é veneno nem faz mal a sua saúde financeira. Crédito é uma bênção, um privilégio dos que podem contar com ele para custear eventualidades ou mesmo para realizar desejos sem resultar em desmantelamento de sua estratégia de previdência ou de suas oportunidades de investimento. Usar empréstimos e financiamentos de vez em quando não só nos traz a oportunidade de conhecer esse serviço financeiro como também cria um histórico interessante para futuras negociações com seu gerente ou analista de crédito. Para provar que você será bom usuário de crédito, é melhor mostrar um histórico bem-sucedido de uso, do que não ter o que mostrar para provar suas intenções.

Ceder nome a terceiros. Se seu banco lhe oferece oportunidades que não oferece a seu amigo ou cunhado, há um bom motivo para isso. O banco e a financeira são especialistas em avaliar quem tem condições de honrar o crédito e, pela análise do especialista, você pode, e a pessoa que lhe pede ajuda, não. Acredite, há muito crédito disponível antes de uma instituição chegar à conclusão de que certo cliente não tem mais condições de receber dinheiro. Ao usar seu nome e levantar recursos para quem não tem o nome limpo, você está praticamente assumindo a certeza de que, em breve, você é quem terá a situação de crédito complicada. Isso vale para convites para que se torne fiador de uma operação. Pelo bem de seus relacionamentos, recuse. As instituições financeiras vendem seguros-fiança, que acabam onerando um pouco os empréstimos, mas que preservam os relacionamentos.

Emprestar dinheiro a parentes e amigos. Jamais empreste dinheiro a alguém de quem você goste. Mais cedo ou mais tarde, isso resultará em desgaste do relacionamento – comprovei isso em 100% dos casos que acompanhei, e foram dezenas – e sua boa intenção terá se convertido em arrependimento. Sugira alternativas de crédito à pessoa que lhe pede ou, então, doe recursos para ela, sem expectativa de recuperação. Melhor ainda se, em vez de dinheiro, você puder doar seu tempo, seu trabalho ou seu advogado, algo que faço quando alguém precisa de ajuda financeira. Se a pessoa que recebeu sua doação decidir lhe devolver o favor futuramente, ótimo! Caso contrário, ao menos você não cultivou expectativas passíveis de frustração.

Decidir por impulso. Do nada, seu gerente de conta lhe informa sobre o aumento de seu limite e barateamento dos juros ou lhe pergunta se você não está precisando tomar um empréstimo. Em instantes, após pensar no aperto pelo qual tem passado, nas três contas que estão para vencer amanhã e na oportunidade de tirar o pé da jaca e passar um fim de semana agradável com os filhos, você está assinando o contrato de crédito. Errado? Não, do ponto de vista do crédito em si. Ele serve para isso. Mas, tomar dinheiro emprestado sem antes fazer contas, analisar seu orçamento e traçar um plano para conseguir pagar o compromisso assumido é um erro. Como consequência, ou você pagará mais juros do que poderia ou assumirá uma prestação que poderá comprometer ainda mais a situação financeira nos próximos meses. Diante das oportunidades, agradeça, peça um ou dois dias para decidir e vá para casa fazer contas.

Não pesquisar alternativas. Você passa semanas pesquisando o automóvel que quer comprar. Avalia potência e consumo do motor, capacidade do porta-malas, modelo familiar, preço do seguro, valor de revenda, opcionais e itens de segurança. Após refletir muito, ainda pesquisa os preços anunciados pelas diferentes concessionárias da marca. Pronto! Agora você já sabe onde comprar o carro que cabe no seu bolso. Ao chegar à revenda, questiona sobre as condições de pagamento e aceita financiar. Se fizer isso sem antes comparar esse financiamento com o que seria oferecido por outras lojas, provavelmente todo o tempo dedicado à pesquisa tenha sido em vão. Nenhum fator pesa mais no preço final pago por um carro do que a taxa de juros de seu financiamento. Veja o exemplo de um automóvel cujo preço anunciado é de R$40.000. Se você financiá-lo em três anos a uma taxa de 1,8% ao mês, desembolsará, no total, R$54.700 divididos em 36 parcelas. Se o mesmo financiamento for feito a uma taxa de juros de 2,5% ao mês, o desembolso total será de R$61.100. Haja economia de combustível para compensar a diferença!

Não ler contratos. Você deve pesquisar as melhores condições de financiamento, mas, ao encontrá-las, a lição de casa não estará completa. Quando a esmola é demais, o santo desconfia. Antes de firmar qualquer contrato de empréstimo ou financiamento, peça a minuta do contrato da operação e leve uma cópia desta para casa para uma leitura minuciosa de todas as cláusulas. Dê atenção especial àquelas que regem os casos de atraso no pagamento ou de desistência do contrato. Em geral, operações de crédito com condições nitidamente abaixo do mercado costumam embutir multas e outros custos contratuais para o caso de violação do trato original. Há também armadilhas contratuais relacionadas ao fator de correção das parcelas e custos adicionais para disfarçar a taxa de juros anunciada para menor. Não tenha pressa de assinar seu contrato e jamais o faça sem esclarecer 100% das dúvidas em relação ao texto.

Desfrutar do cheque especial. A maioria das pessoas vê o limite do cheque especial como uma vantagem oferecida pelo banco. Quando usado sem a devida consciência, vejo-o como armadilha, sempre à espera de um vacilo na administração de nosso fluxo de caixa. Se alguém depositar um cheque pré-datado de alto valor antes da hora e você não perceber, estará aberto em sua conta um dreno de dinheiro nada desprezível. O limite do cheque especial deveria ser tão especial que, no dia de nossa morte, deveríamos ser capazes de contar nos dedos de uma das mãos o número de vezes que o utilizamos. O motivo é simples: ele custa caro, e quem tem acesso a ele tem também acesso a alternativas mais baratas, como o empréstimo pessoal. Com o acompanhamento atento e frequente de sua conta, você pode prever a necessidade de recursos adicionais e, antes de começar a usar o limite do cheque especial, entrar em contato com seu gerente e solicitar um empréstimo para cobrir o furo iminente. Dará mais trabalho, mas lhe renderá uma economia e tanto. Evitar o uso do cheque especial lhe proporcionará aumento do limite e redução da taxa de juros, tornando mais barato seu uso quando houver real emergência ou imprevisto. Por outro lado, mesmo com seu elevado custo, saber que você pode contar com ele em emergências é um fator de tranquilidade.

Usar o crédito rotativo do cartão de crédito. Por ser uma das alternativas de crédito mais caras do mercado em qualquer lugar do mundo, vale o mesmo raciocínio adotado para o cheque especial. Nunca o use.

Se perceber que não será capaz de pagar o valor total da fatura na data do vencimento (essa é a principal regra para o uso saudável do cartão), solicite um empréstimo no valor necessário para quitá-la. Com isso, você evitará outra cara, e de rápida multiplicação, e assumirá uma dívida mais barata, paga em prestações conhecidas e selecionadas por você de acordo com o espaço no orçamento para liquidá-la.

Permitir o acúmulo de dívidas. "Na próxima semana, preciso tentar resolver isso." Esse é o tipo de frase que não se aplica a uma situação de compromissos financeiros em atraso. Estando sujeito à simples acumulação de juros elevados (como os praticados na maior parte de empréstimos e financiamentos pequenos), além de multa, juros de mora e tempo dedicado a resolver situações complicadas, o melhor a fazer quando se detecta ou prevê uma situação de atraso é parar tudo e traçar um plano. Se está pouco atrasado ou está prestes a entrar em atraso, entre em contato com seu credor e verifique se ele lhe dá alternativas. Se for preciso, estude a possibilidade de tomar um empréstimo que cubra juros menores do que o da situação de inadimplência. Se os custos do empréstimo agravarem o problema, desista e pense em algo que possa ser vendido rapidamente para fazer caixa. Aja o quanto antes. Só não permita a acumulação de dívidas nas alternativas mais caras de crédito, pois é o mesmo que assinar um contrato antecipado de sua ruína financeira. Veja o que acontece com o valor de uma dívida de R$1.000 ao longo do tempo, de acordo com os juros praticados, enquanto não for paga (esse cálculo não considera multa e outros custos adicionais por atraso):

Taxa de Juros (a.m.)	Após 1 mês	Após 2 meses	Após 3 meses	Após 6 meses	Após 1 ano	Após 2 anos
0,50%	R$ 1.005,00	R$ 1.010,03	R$ 1.015,08	R$ 1.030,38	R$ 1.061,68	R$ 1.127,16
1,00%	R$ 1.010,00	R$ 1.020,10	R$ 1.030,30	R$ 1.061,52	R$ 1.126,83	R$ 1.269,73
1,25%	R$ 1.012,50	R$ 1.025,16	R$ 1.037,97	R$ 1.077,38	R$ 1.160,75	R$ 1.347,35
1,50%	R$ 1.015,00	R$ 1.030,23	R$ 1.045,68	R$ 1.093,44	R$ 1.195,62	R$ 1.429,50
1,75%	R$ 1.017,50	R$ 1.035,31	R$ 1.053,42	R$ 1.109,70	R$ 1.231,44	R$ 1.516,44
2,00%	R$ 1.020,00	R$ 1.040,40	R$ 1.061,21	R$ 1.126,16	R$ 1.268,24	R$ 1.608,44
4,00%	R$ 1.040,00	R$ 1.081,60	R$ 1.124,86	R$ 1.265,32	R$ 1.601,03	R$ 2.563,30
5,00%	R$ 1.050,00	R$ 1.102,50	R$ 1.157,63	R$ 1.340,10	R$ 1.795,86	R$ 3.225,10
6,00%	R$ 1.060,00	R$ 1.123,60	R$ 1.191,02	R$ 1.418,52	R$ 2.012,20	R$ 4.048,93
7,00%	R$ 1.070,00	R$ 1.144,90	R$ 1.225,04	R$ 1.500,73	R$ 2.252,19	R$ 5.072,37
8,00%	R$ 1.080,00	R$ 1.166,40	R$ 1.259,71	R$ 1.586,87	R$ 2.518,17	R$ 6.341,18
9,00%	R$ 1.090,00	R$ 1.188,10	R$ 1.295,03	R$ 1.677,10	R$ 2.812,66	R$ 7.911,08
10,0%	R$ 1.100,00	R$ 1.210,00	R$ 1.331,00	R$ 1.771,56	R$ 3.138,43	R$ 9.849,73
12,0%	R$ 1.120,00	R$ 1.254,40	R$ 1.404,93	R$ 1.973,82	R$ 3.895,98	R$ 15.178,63
15,0%	R$ 1.150,00	R$ 1.322,50	R$ 1.520,88	R$ 2.313,06	R$ 5.350,25	R$ 28.625,18

Esperar caducar uma dívida. Não é pequeno o número de pessoas que interpretam sua dívida da seguinte maneira: "Não pagarei; vou aguardar cinco anos e esperar a dívida caducar." Esse é o chamado calote intencional, na linha do "devo, não nego, mas não pago". Essa atitude aparentemente ingênua, como se o devedor fosse a vítima, é absurdamente perturbadora. O pobre trabalhador acredita que basta comprar um produto com um cartão de crédito, não pagar a fatura, esperar cinco anos e, depois disso, estar livre, leve e solto para adquirir novos cartões de crédito, novos empréstimos e começar a farra da dívida novamente. Não é bem assim. Segundo o Código de Defesa do Consumidor, o nome do inadimplente deve permanecer nos cadastros de devedores, como os da SERASA e do SPC, por, no máximo, cinco anos. Isso não quer dizer que, após cinco anos, o inadimplente deixará de ser devedor. Significa simplesmente que ele não poderá ter seu nome naquelas listas, o que facilitará novos empréstimos. Porém, ele continuará devedor sim, e poderá ser judicialmente obrigado a pagar suas dívidas com seus bens se o juiz assim entender. Aproveitar o nome limpo para fazer novas dívidas apenas agravará a situação, aumentando seu endividamento e, consequentemente, o risco de perder os bens.

Solicitar crédito quando é realmente necessário. Sei que soa incoerente, mas garanto que o pior momento para se solicitar um empréstimo é quando você realmente precisa dele. Se seu gerente ou atendente da financeira recebe uma solicitação de dinheiro de alguém que diz que está precisando urgentemente do recurso, ele interpreta da seguinte maneira: você não sabe lidar com dinheiro, está em dificuldades e precisa de um pouco do dinheiro dele. Esse socorro não tem como lhe custar barato, por mais que a necessidade de recurso venha de algum tipo de acidente. O certo é estar preparado para a necessidade, cuidando de negociar as melhores condições de crédito em algum momento em que você tenha a certeza de que não precisa dele. Por exemplo, no dia em que você recebe um bônus em dinheiro, seu décimo terceiro salário ou o dinheiro da venda de um carro, certamente sua sensação é a de que um empréstimo é a última coisa de que precisa no mundo. Experimente, nessa situação, sentar-se à mesa de seu gerente para "pedir mais informações" sobre seus limites de crédito. Não haverá momento melhor do que esse para questionar prazos, limites e taxas e conseguir condições mais vantajosas, importantes para aqueles momentos em que não haverá margem para barganhar vantagens.

As alternativas de crédito são todas iguais?

Muitas pessoas contraem dívidas por impulso, na medida em que oportunidades de uso de dinheiro de terceiros surgem à sua frente. Decidimos comprar a casa e esbarramos em um financiamento com o banco ou com a construtora. Ao pesquisar a compra de um carro, somos convidados a considerar modelos melhores e mais caros, afinal, a financeira nos oferece uma ótima condição de financiamento. Um cheque pré-datado é compensado antes da hora e, felizmente, temos o limite do cheque especial para nos salvar.

Ao acompanhar a vida financeira de diversas famílias, constatei raríssimos casos de pessoas ou famílias que tinham a real noção do crédito a sua disposição e de quais situações ensejariam a utilização de uma ou de outra modalidade. Esse desprezo inconsciente reside na falta de conhecimento da diferença entre um empréstimo e um financiamento. Mas essa diferença não é difícil de entender.

Financiamentos são meios de se tomar dinheiro emprestado para pagar um bem ou serviço específico, como casas, automóveis, computadores, um serviço de reforma da casa ou um curso de pós-graduação. A destinação específica do dinheiro emprestado dá aos bancos a certeza de que o dinheiro será bem usado, o que facilita a aprovação do crédito. Além disso, quanto maior a certeza de que o banco não ficará sem receber, mais barato será o crédito, pois não há necessidade de ratear, entre os bons pagadores, o custo dos inadimplentes. Por isso, as alternativas de financiamento mais baratas são aquelas em que a propriedade do bem fica com a instituição financeira enquanto o contrato de financiamento não é totalmente quitado, como no financiamento de imóveis e de automóveis. Outra modalidade de custo baixo é o financiamento de obras e de educação. Normalmente, a liberação do crédito para essas modalidades é feita aos poucos, à medida que avança a obra ou evolui o curso. Se a obra é interrompida ou se o aluno passa a tirar notas abaixo da média, a liberação do crédito é suspensa e a instituição financeira não corre o risco de perder todo o valor dedicado àquele contrato. Com menos perdas, o preço final ao consumidor fica menor.[1]

[1] No caso do crédito educacional, subsídios governamentais também contribuem para baixar as taxas de juros, posicionando essa modalidade de crédito entre as mais baratas do mercado financeiro.

Empréstimos, por sua vez, carecem das garantias típicas dos financiamentos. São oferecidos para cobrir necessidades de curto prazo de recursos, normalmente por alguém que sofreu alguma perda inesperada, falhou nos planejamentos ou foi negligente em suas escolhas. Do ponto de vista do crédito, quem recorre a um empréstimo está com problemas, uma situação bem diferente daqueles que buscam financiamentos: quem decide pela compra de bens de grande valor ou pela contratação de serviços normalmente está em uma boa situação de renda e de carreira. Esse é mais um fator para tornar os empréstimos modalidades mais caras de crédito.

Fazendo uso do bom senso, ao tomar recursos emprestados, você deveria considerar sempre as alternativas mais baratas. Em contraposição, outro ponto a analisar é a complexidade para a contratação do crédito. Não faz sentido despender horas de pesquisa na internet e consultas a seu gerente para contratar uma dívida de valor reduzido. Há casos em que o cheque especial pode ser a solução mais conveniente, como na necessidade de pequenos valores por poucos dias. Cabe a você ponderar entre o trabalho que terá e o custo da conveniência.

O diagrama a seguir mostra a relação entre o custo e a complexidade de contratação das diferentes modalidades de crédito.

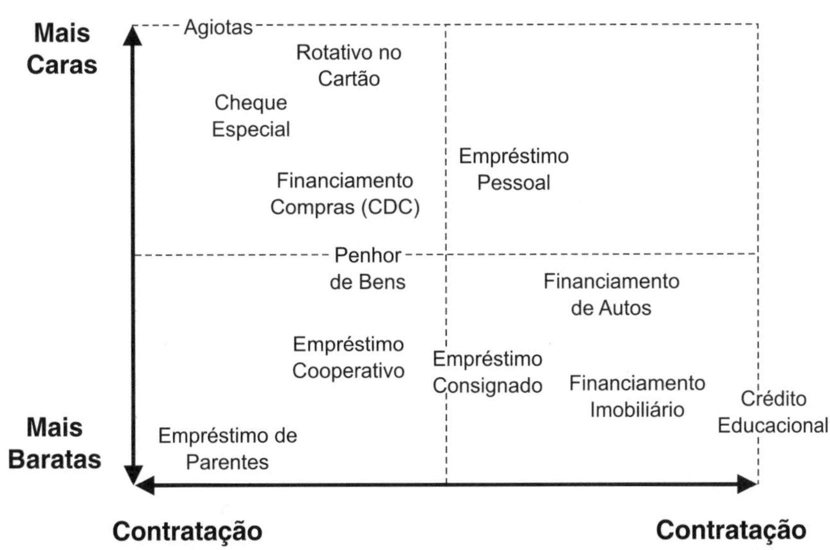

Repare que os produtos tipicamente financeiros seguem uma diagonal lógica, do canto inferior direito do diagrama para o canto superior esquerdo. Segundo essa diagonal, produtos que nos dão mais trabalho para contratá-los (ou que nos obrigam a provar que seremos capazes de honrar o compromisso) nos premiam com um custo menor. Em uma interpretação pragmática, quem está preparado para assumir relações financeiras mais complexas pagará menos por usar recursos de terceiros.

No diagrama, a alternativa de crédito que nitidamente foge à regra da diagonal lógica é o empréstimo obtido junto a parentes ou amigos. Sem muita burocracia, mas com algum grau de constrangimento, temos acesso à alternativa de crédito mais barata do mercado. A prática nos mostra que esse tipo de empréstimo ou não embute juros ou os juros equivalem ao rendimento da poupança. O risco está na possibilidade – real e significativa – de destruir um bom relacionamento. Pedir um empréstimo a uma pessoa querida é uma situação constrangedora tanto para quem pede quanto para quem recebe o pedido. Se conseguir que alguém lhe faça esse favor, cabe a você preservar a relação: proponha pagar juros e providencie uma nota promissória (que nada mais é do que uma promessa de pagamento por escrito), o que preservará a confiança mútua e o relacionamento. Lembre-se, porém, de que promissórias são confissão de dívida e podem ser usadas contra o devedor em eventual quebra de amizade. Evite propor prazos para quitar o empréstimo, pois tendemos a ser otimistas ao planejar nosso futuro. Se seu amigo contar com o dinheiro dele em pouco tempo e não receber, sua credibilidade será abalada e a amizade deixará de ser a mesma.

Dentro da diagonal lógica que relaciona as modalidades de crédito do sistema financeiro, uma alternativa que se mostra interessante tanto do ponto de vista do custo quanto da facilidade de contratação é o empréstimo obtido junto a cooperativas de crédito. Se você faz parte de um grupo profissional que conta com a possibilidade de se associar a uma cooperativa, não deve deixar de considerar essa oportunidade. Por serem instituições que contam com cooperados de perfis semelhantes, a análise do crédito é mais simples. Por não visar o lucro, as taxas de juros para os investimentos costumam ser competitivas e as taxas para o crédito raramente são maiores do que em outras modalidades do mercado. Mesmo assim, se houver desequilíbrio no mercado e a instituição lucrar com isso, esses lucros costumam ser distribuídos entre os cooperados. Tenha, portanto, a cooperativa de sua categoria profissional entre as alternativas de crédito de suas pesquisas futuras.

A escolha de um empréstimo ou financiamento deve levar em consideração as perdas a que você estará sujeito caso não consiga honrar o compromisso de pagamento. Antes de penhorar uma joia de família, por exemplo, reflita sobre o custo de não recuperar mais essa relíquia. No penhor, o empréstimo é concedido em troca da garantia oferecida por bens de valor, como obras de arte e joias, sempre avaliadas a um preço bem abaixo do de mercado, pois a avaliação não leva em conta o trabalho artístico e o valor sentimental. Como o risco de o banco não receber o dinheiro de volta é reduzido, pelo fato de a garantia, com valor de revenda, ficar em seu poder, os juros são menores do que em outras modalidades. Essa prática deve ser adotada somente quando a situação de falta de recursos é provisória e há plena certeza de que algum recurso extra está para surgir e pagar a dívida. Da mesma forma, financiamentos de automóveis e moradia só devem ser assumidos quando o grau de certeza de pagamento for elevado, caso contrário, ao inadimplir, o devedor poderá ficar sem o bem e sem os valores pagos até então.

Regras para a construção de um bom perfil de crédito

Pessoas com problemas crônicos de crédito são facilmente identificáveis tanto em função da ingenuidade que demonstram ao solicitar recursos, quanto pelas características de sua vida financeira que as denunciam.

Um bom exemplo está no uso do limite do cheque especial. Ter um limite volumoso é sinônimo de que temos um bom histórico de relacionamento bancário. Usar esse limite frequentemente, porém, denuncia que usamos mal nossas oportunidades e que, por isso, não merecemos mais crédito. Outra interpretação é a de que, para acessarmos novas oportunidades de crédito, devemos compensar o risco elevado assumido pela instituição financeira, pagando bem mais por isso.

Com o cartão de crédito não é diferente. Contar com ele para cobrir a falta de dinheiro ao final do mês fará do usuário um excelente cliente da operadora de cartões, em termos de resultado. Esse cliente, porém, jamais terá acesso a privilégios, como juros reduzidos, limites maiores ou ilimitados, seguros gratuitos e acúmulo de milhagens. Evitar o uso de cartões, acreditando que são um instrumento financeiro perverso, também limitará nossas possibilidades. Cartão de crédito é um instrumento que, quando usado corretamente, facilita o planejamento financeiro, conforme explico em várias seções deste livro. Cabe a você provar que sabe explorar o melhor do produto, para ter acesso a benefícios cada vez melhores.

É para ajudá-lo a fazer o melhor uso de seu crédito que proponho a seguir algumas regras preciosas. Faça bom uso delas, a fim de ser amado e desejado pelo mercado de crédito.

Negocie quando você não precisar. Vá atrás de crédito quando você reunir várias condições para demonstrar que não precisa de crédito, conforme expliquei no último item dos erros comuns em seu crédito pessoal.

Prefira financiamentos, ao invés de empréstimos. Diante da necessidade de recursos, procure sempre resolver seu problema por meio de financiamentos, antes de recorrer aos empréstimos. A burocracia para contratação é maior, mas o resultado desse esforço será medido pela economia no custo total da operação.

Bom histórico de uso de crédito. Cultive boas histórias para mostrar: seja pontual, guarde os comprovantes de quitação de seus empréstimos e não ceda ao uso de empréstimos fáceis, como os do cartão de crédito e o cheque especial. Use esse bom histórico a seu favor na hora de negociar empréstimos ou financiamentos relevantes.

Substitua suas dívidas. Não importa o tipo de dívida que você tenha. Se chegar a seu conhecimento alguma modalidade de crédito que se mostre mais barata e vantajosa do que a que está utilizando atualmente, aja imediatamente e verifique o que precisa ser feito para que uma modalidade substitua a outra. Crédito rotativo no cartão e cheque especial devem ser substituídos por empréstimos pessoais, que, por sua vez, são menos vantajosos do que empréstimos consignados, cujo pagamento é feito diretamente com débito em folha, sem risco para o banco. Discutirei a substituição de dívidas no próximo capítulo.

Use com cautela e consciência. Se você tiver plena consciência das dimensões do risco e do compromisso que estiver assumindo, crédito jamais será um problema em sua vida. Para fazer o melhor uso das oportunidades a seu dispor, as seguintes perguntas devem ser respondidas antes de contratar qualquer tipo de empréstimo ou financiamento, sempre:

- *Minha necessidade pode esperar?* Se a resposta for sim, espere e junte dinheiro para comprar o bem à vista, negociando desconto nessa forma de pagamento. Mas, se você está em uma emergência ou situação única e precisa de empréstimos, analise as seguintes questões.
- *Tenho algum bem que posso vender?* Verifique antes se você não tem condições de vender algum bem ou se desfazer de um investimento. Analise, inclusive, a possibilidade de vender sua casa, usar parte do dinheiro para quitar a dívida e parte do dinheiro deixar investido, morando de aluguel, ou, então, oferecer uma entrada e comprar outra casa financiada. Outra opção é vender o carro e comprar outro de menor valor, financiado; assim, você pode usar parte do valor da venda do carro para quitar a dívida e parte para dar entrada na compra de um carro mais barato por meio de um financiamento, pagando juros saudáveis nessa estratégia.
- *Já estudei todas as alternativas de crédito disponíveis para meu caso?* Não desfrute da primeira oportunidade que chegar a suas mãos. Normalmente, o crédito mais fácil é também o mais caro. Consulte as possibilidades de crédito disponíveis para você no portal de seu banco na internet (de preferência, com o login feito em sua conta corrente, para acessar as alternativas realmente disponíveis para seu perfil).
- *Já conversei com meu gerente de conta no banco?* Mesmo depois de feita a pesquisa, não deixe de conversar pessoalmente com quem gerencia seu relacionamento. Esse é o momento de tentar uma última negociação, para melhorar as condições disponíveis.
- *Escolhi a alternativa mais barata que estou disposto a contratar?* O mais barato costuma ser o mais trabalhoso, como já foi explicado. Mas todo esforço tem seu preço. Se, pela conveniên-

cia do acesso automático do cheque especial você paga juros dobrados em relação ao empréstimo pessoal, que é obtido com uma rápida visita à agência bancária, a questão sai do campo da otimização de tempo e entra no âmbito da preguiça. Pesquise e use seu tempo como recurso, para usar menos dinheiro.

- *Escolhida a modalidade de crédito, já estudei a simulação dos pagamentos?* Se você optar por financiamentos, não vacile. Mercados que dependem das financeiras para viabilizar negócios – como o de veículos e eletrodomésticos – costumam adotar práticas enganosas para fisgar o consumidor. A mais comum é anunciar financiamentos a taxas reduzidas, deixando de evidenciar abusos em custos acessórios como seguros obrigatórios e taxas de cadastro ou de abertura de crédito. No Brasil, a legislação obriga as instituições financeiras a informarem, antes da contratação, o Custo Efetivo Total (CET) da operação, que inclui todos os custos acessórios. Não deixe, porém, de solicitar, a seu agente de financiamento, uma simulação de todos os pagamentos, a fim de comparar com a simulação de alternativa que você esteja analisando. É direito seu solicitar isso e, no final das contas, sua decisão deve ser pela alternativa cujo fluxo de quitação seja o que menos impacte o orçamento.
- *O preço a mais que pagarei valerá a pena?* Um dos mais importantes exercícios de consciência ao contratar o crédito é analisar o preço extra a pagar por sua opção de comprar algo antes de ter dinheiro para isso. Para saber quanto custa a antecipação de uma vontade ou necessidade de consumo, some todas as prestações e demais obrigações (daí a importância de solicitar uma simulação do fluxo de pagamentos). O valor total, maior do que o preço de aquisição à vista do que você pretende comprar, embute esse custo de oportunidade. Com esse raciocínio, você cai na real e descobre que financiar um automóvel em cinco anos ou uma casa em vinte e cinco anos pode ser grande bobagem, pois o preço de aquisição do bem chega a dobrar ou triplicar, respectivamente. Por outro lado, não há preço que pague oportunidades como a última viagem em família antes da formatura dos filhos ou a compra de um notebook ao conseguir vaga no MBA dos sonhos.

- ☐ *O contrato referente ao produto de crédito foi estudado minuciosamente na íntegra?* Quanto mais fácil o acesso e quanto mais baratos os juros de uma operação financeira, maiores serão as armadilhas embutidas nos contratos. De multas por atraso e por desistência à adoção de índices de correção muito suscetíveis a instabilidades, não faltam exemplos de armadilhas em que milhares de consumidores já caíram. Recuperar na justiça as cobranças consideradas injustas é possível, mas certamente você gostaria de evitar esse desprazer na vida ao adotar o simples hábito de ler o que assina.
- ☐ *O prazo de pagamento escolhido é compatível com a validade da aquisição?* Evite assumir um compromisso que se estenda por um prazo maior do que o necessário para dar manutenção ao que você comprou. Quando especialistas recomendam não assumir prazos de financiamento de automóvel maiores do que 36 meses, o motivo é simples: três anos após a compra, um automóvel novo começa a exigir a reposição de itens caros como pneus, escapamento e amortecedores. Se seu orçamento de transporte é consumido pelas prestações do financiamento, você não conseguirá fazer as manutenções recomendadas. Pelo mesmo motivo, não se recomenda financiar um automóvel usado por um prazo maior do que dois anos. Uma casa deveria ser quitada em até dez anos, para viabilizar as necessárias reformas.
- ☐ *A prestação assumida é compatível com meu orçamento doméstico?* Nunca é demais lembrar: seus compromissos devem caber em seu orçamento, sem gerar riscos de necessidade de empréstimos adicionais. Se você faz um financiamento vantajoso e barato, mas meses depois está entrando no cheque especial, toda a vantagem terá desaparecido.
- ☐ *Esse é mesmo o melhor momento de contrair uma dívida?* Existem três perguntas que devem ser feitas a cada decisão de consumo: Eu realmente quero? Eu realmente preciso? Eu realmente posso? Se essas três perguntas forem feitas a você mesmo, talvez o impulso de consumo seja diluído pela reflexão racional sobre o que realmente importa para você. Se o item ou serviço a ser adquirido não é necessário ou não agrega muito a sua felicidade, deixe o financiamento de lado. Passe a poupar para comprar à vista ou com financiamento mais barato daqui a alguns meses.

Alternativas e oportunidades de crédito

Não é apenas através de bancos que você pode adquirir bens e serviços sem usar seus recursos ou com recursos que você não tem. Sabendo usar outros serviços e oportunidades que valorizam seu relacionamento, seu dinheiro ganhará mais utilidade ao longo da vida. Veja, a seguir, exemplos comuns de crédito que não envolve diretamente a transferência de dinheiro.

Cartões de crédito. O uso do crédito rotativo do cartão de crédito jamais deveria ser considerado em razão dos elevados juros relacionados. Pague sempre o valor total de seu cartão na data do vencimento; se não houver saldo na conta, contate seu gerente e peça um empréstimo pessoal. O bom uso do cartão de crédito traduz-se em pagar a fatura sempre à vista e concentrar gastos no cartão, para melhorar seu histórico e começar a usufruir de vantagens oferecidas a uma minoria de usuários. Tais vantagens incluem limites maiores, juros menores (mesmo assim, sempre caros), parcerias que oferecem descontos a usuários e facilidades como seguro de viagem, de bagagem e de aluguel de automóveis, serviços de *conciergerie* e programas de pontuação para obter descontos em passagens, compra de automóveis e aquisição de serviços. Clientes com bom relacionamento, em suma, cada vez pagam menos e recebem mais. Ao decidir direcionar todos os gastos possíveis para seu cartão de crédito, o importante é assegurar uma rotina de controle que garanta que esses gastos estejam dentro de seu orçamento. O uso do cartão de crédito com acompanhamento regular das faturas parciais (pela internet ou telefone) facilita sua organização pessoal, ao concentrar o pagamento de grande parte de suas contas em uma única data.

Programas de fidelização. Em geral, grandes bancos trabalham com programas de fidelização que, de acordo com o relacionamento do cliente, podem reverter em vantagens de custo. O total de investimentos, seguros contratados, utilização de cartões de crédito, pagamentos cadastrados em débito automático e contratação de linhas de crédito é geralmente traduzido em pontos. De acordo com os pontos, os clientes obtêm descontos em tarifas do banco e de serviços agregados (como corretoras de valores e financeiras), normalmente chegando à isenção total das principais tarifas quando o relacionamento se posiciona acima da média da população. Apesar de ser bastante interessante, esse tipo de programa não deve ser tratado como real privilégio, pois, para abrir mão de tarifas, a instituição ganhará muito mais nas margens típicas dos produtos que geram maior pontuação. Não troque, portanto, um serviço mais barato de outra instituição pelo de seu banco só para assegurar a isenção de tarifas. Uma carteira de investimentos confiada a um gestor menos eficiente também pode sair muito mais cara do que a tarifa que seu banco lhe cobra.

Dinheiro fácil ali na esquina. Se você for abordado na rua por alguém que lhe ofereça dinheiro, obviamente deve desconfiar. Essa é uma prática das financeiras que, no Brasil, exploram apenas mercados de crédito especializados ou pouco explorados pelos bancos. Um desses mercados é o de financiamento de automóveis, no qual as financeiras devem ser seriamente tratadas como uma das opções. Outro mercado é o de pessoas com má qualidade de crédito, que, rejeitadas pelos bancos, encontram nas financeiras recursos que, disfarçados de alívio, perpetuam o desastre financeiro nas famílias. Em geral, elas atendem a clientes desesperados, que precisam de dinheiro urgentemente para quitar um penhor ou para não perder um bem importante que havia sido financiado. Como trabalham com os juros mais altos da economia, tendem a conduzir o devedor ao total descontrole da dívida, sujando seu nome nos sistemas de proteção ao crédito. Por isso, seu uso é recomendado em apenas uma situação: quando o nome e o crédito do interessado estão tão deteriorados que não resta alternativa, e desde que haja um plano consistente de usar esses recursos para equacionar a situação, obter mais recursos para saldar a dívida e imediatamente iniciar um processo de regularização de crédito do usuário.

Quando o cheque especial é realmente especial. Alguns bancos oferecem a seus clientes a oportunidade de usufruir de seu limite no cheque especial durante alguns dias a cada mês, sem que haja a incidência de juros. Não importa se o prazo é de cinco, dez ou quinze dias. O fato é que dispor dessa alternativa de crédito pode ser uma dádiva para quem sabe aproveitá-la, ao mesmo tempo em que é um desastre para quem a usa de maneira negligente. Se você tem contas a pagar hoje e sabe que seu salário só cai na conta daqui a três ou quatro dias, faça bom proveito: conte com o cheque especial. Porém, não se acomode. Estude seu orçamento e procure entender o porquê de você ter recorrido a ele – e, então, tome providências para isso não ocorrer mais, caso contrário, você pode se acostumar com essa conveniência e, mais cedo ou mais tarde, estará precisando de mais tempo do que o limite de isenção. Quando isso acontece, você encontra a armadilha: se seu banco lhe der dez dias isentos e você usar onze, pagará juros por todos os onze dias, e não só pelo dia adicional. Como ninguém dá nada de graça, os juros praticados pelos bancos que oferecem essa benesse costumam estar entre os mais altos do mercado.

Milhares de milhas. Se você viaja de avião com frequência, compra na mesma loja, tem gastos elevados no cartão de crédito, hospeda-se em hotéis ou aluga automóveis, provavelmente já se deparou com anúncios de programas ditos de milhagem, cujo princípio é oferecer vantagens e descontos a clientes que acumulam pontos. Não desperdice esse tipo de oportunidade. Geralmente tais programas exigem alguma taxa de inscrição que, quanto mais elevada, mais vantagens prometem ao usuário. Dedico à administração de minhas milhas a mesma atenção que dedico a meu orçamento doméstico. A razão para isso está no fato de que as oportunidades de ganhar são muitas e nem sempre tão óbvias. Por exemplo, o programa de milhagem de minha companhia aérea favorita permite o acúmulo de pontos em hotéis, lojas, serviços na internet, estacionamentos, aluguéis de carros e floriculturas, entre outros. Da mesma forma, o programa permite utilizar as milhas acumuladas tanto na aquisição de passagens quanto para a troca por mercadorias e serviços. Dedique atenção principalmente à troca de pontos, pois alguns itens custam milhas demais. Por exemplo, se uma passagem aérea de São Paulo a Santiago do Chile custa dez mil milhas e um livro ou um buquê de flores custa duas mil milhas, obviamente que preferirei acumular milhas para levar minha família para esquiar pagando as flores para minha esposa no cartão de crédito.

Compensação de tributos. Alguns governos municipais e estaduais brasileiros vêm instituindo programas de identificação das notas fiscais de mercadorias e serviços, por meio dos quais os contribuintes que solicitam notas fiscais são identificados por seu CPF ou CNPJ e posteriormente beneficiados com créditos ou descontos nos tributos devidos a cada instância governamental. O benefício é evidente tanto para governos quanto para contribuintes, pois a arrecadação de tributos aumenta sem custar mais para quem consome – os únicos prejudicados são aqueles que costumavam sonegar. Há quem fantasie sobre as intenções governamentais, afirmando que o objetivo de tais políticas seria controlar melhor os gastos da população. É difícil entender por que isso seria feito, já que o consumidor é a ponta final da cadeia de serviços e mercadorias, e não se tributa por isso. Como a velha máxima "quem não deve não teme" elimina tais dúvidas, vale dedicar a tais campanhas a mesma atenção que se dá aos programas de milhagem; afinal, reduzir os famigerados IPTU e IPVA é motivo de alívio para qualquer orçamento familiar. Adote a postura politicamente correta de solicitar notas fiscais em todas as situações de consumo. Se isso não reverter em benefício direto para você, reverterá em arrecadação aos governos. Esse é o primeiro passo para reduzir a carga tributária que pesa sobre todos nós.

Fundo de Garantia: use o que é seu

Enquanto muitas famílias recorrem a créditos de má qualidade que consomem, com juros, fatias nada desprezíveis de seus orçamentos, uma reserva financeira preciosa de tais famílias costuma estar mal investida e intocada: é o Fundo de Garantia por Tempo de Serviço, ou simplesmente FGTS. Formado para ser revertido ao trabalhador em caso de demissão ou aposentadoria, visando dar a necessária estabilidade a famílias que pecam pela falta de planejamento, o fundo acumula valores que certamente resolveriam os problemas financeiros da maioria das famílias endividadas.

Não, definitivamente não defendo que o FGTS deva estar disponível ao trabalhador a qualquer momento, para ser usado como sua família bem entender. Isso só seria viável em uma impossível situação hipotética em que todas as famílias se tornassem capazes de conduzir um planejamento financeiro equilibrado.

Entretanto, há situações em que o acesso ao FGTS é assegurado legalmente, para ser usado de maneira a constituir um patrimônio seguro à família. Duas dessas situações foram a possibilidade de uso de até 50% do saldo do FGTS para aquisições de ações da Petrobras e da Vale, quando do processo de privatização dessas empresas.

Outra situação de uso, ainda vigente por lei, é para aquisição de imóvel residencial urbano concluído, com o saque dos recursos do FGTS para pagamento parcial ou total do preço de aquisição do imóvel, pagamento de lance na obtenção da Carta de Crédito ou como complementação do valor da Carta de Crédito para pagamento da parcela de recursos próprios, quando o consorciado permanecer com saldo devedor na Administradora de Consórcio. Para imóveis não concluídos, o uso dos recursos é permitido para financiar a construção.

O imóvel deve destinar-se, obrigatoriamente, à moradia da pessoa cujos recursos do FGTS estão sendo utilizados, e situar-se no município onde o proponente exerça sua ocupação principal ou em município limítrofe ou integrante da respectiva região metropolitana, ou, então, no município em que o proponente comprovar que já resida há pelo menos um ano.

Algumas limitações são impostas:

- O valor do FGTS, acrescido do financiamento ou da Carta de Crédito do consórcio, quando houver, não pode exceder o valor da avaliação efetuada pela Caixa Econômica Federal nem o valor de compra e venda.
- O titular da conta do FGTS não pode ser proprietário ou promitente comprador (com contrato de compra em andamento) de imóvel residencial concluído ou em construção, nos municípios onde exerça sua ocupação e onde tenha residência, ou financiado pelo SFH[2] em qualquer parte do território nacional.
- É preciso comprovar tempo de trabalho mínimo de três anos sob regime do FGTS.
- O imóvel deve ser residencial urbano e não pode ser avaliado em mais de R$350.000 na data da contratação;[3]
- O uso do FGTS não é permitido para aquisição ou construção de imóveis comerciais, reforma de imóveis, aquisição de lotes ou terrenos e aquisição de moradia para familiares, dependentes ou terceiros.
- Para sacar recursos do FGTS mais de uma vez para aquisição do mesmo imóvel, é preciso respeitar um intervalo de três anos entre cada saque.

[2] SFH = Sistema Financeiro da Habitação.

[3] Regra vigente no início de 2009.

Também podem utilizar os recursos da conta vinculada do FGTS os trabalhadores separados judicialmente que tenham perdido o direito de residir no imóvel de sua propriedade, usufrutuário que renunciar expressamente a essa condição e em operações de venda e compra simultânea. Informações detalhadas devem ser obtidas na Caixa Econômica Federal, instituição que administra o saque dos recursos do FGTS.

Use o crédito de forma equilibrada. Ao fugir dos juros e custos dos financiamentos, você passa a vida adquirindo o máximo de conforto que seu bolso pode pagar sozinho. Porém, não deixe de considerar, em situações eventuais, a possibilidade de realizar dívidas conscientes que podem trazer grande aumento em qualidade de vida, sem comprometer sua segurança e sem impacto significativo no bolso. Por sua vez, uma boa escolha do empréstimo ou financiamento pode pesar menos em seu orçamento, mas não é garantia de que sua vida será tranquila até a quitação do compromisso. Imprevistos podem ocorrer, seus planos podem dar errado ou a economia pode entrar em recessão, o que pode lhe trazer dificuldades. Se a dúvida é como voltar a respirar financeiramente ou como se livrar de um financiamento mal escolhido, o próximo capítulo é para você.

Iniciativas para seu projeto pessoal

- Se você não utiliza linhas de crédito, aproveite o momento e faça uma visita a seu gerente de conta no banco. Questione sobre as oportunidades de tomar dinheiro emprestado, sobre o porquê das taxas tão elevadas e sobre melhorias que podem lhe ser propostas. Se questionado sobre o porquê de procurar crédito, diga que está apenas avaliando as oportunidades para pensar em utilizá-las oportunamente.
- Se você se mantém permanentemente no cheque especial ou está com dívidas acumuladas no cartão de crédito, leia o próximo capítulo e comece já a avaliar suas alternativas de crédito, a fim de solicitar um empréstimo nos próximos dias.
- Ao buscar recursos para pagar compromissos ou realizar desejos de consumo, lembre-se de fazer a você mesmo as perguntas que asseguram cautela e consciência na contração de uma dívida.
- Faça uma pesquisa entre os diferentes cartões de crédito oferecidos por seu banco ou pela operadora que fornece seu cartão atual (caso esteja satisfeito com o produto e o atendimento) e compare os custos e benefícios de cada um. Ao contratar um cartão, questione sempre sobre promoções para novos associados.
- Estude as regras do programa de fidelização de seu banco, visando reduzir as tarifas que você paga.
- Estude as regras dos programas de fidelização de serviços que você utiliza com frequência, como empresas aéreas, locadoras e hotéis.
- Policie-se para se lembrar de solicitar notas fiscais em todas as situações de consumo.

CAPÍTULO 7

Dívidas: orientações para manter-se em equilíbrio

Se o planejamento financeiro familiar pode ser comparado à rotina de atividades saudáveis e à dieta alimentar da família, associo as dívidas à gordura de nosso corpo. Podemos viver perfeitamente sem elas, mas um pouquinho de gordura não faz mal a ninguém; pelo contrário, é até sinal de que aqueles menos enxutos vivem uma vida mais indulgente e prazerosa.

Entretanto, o excesso de gorduras não indica maior nível de satisfação, mas sim de problemas. A obesidade financeira, se não diagnosticada e controlada a tempo, certamente resulta em sofrimento, seja na convivência com ela, seja na tentativa de eliminá-la.

O desafio maior não está em perceber quando passamos do limite, mas sim em agir e corrigir o problema. O uso do crédito passa a ser nocivo quando consideramos difícil ou desgastante honrar os compromissos assumidos no passado ou quando passamos a recorrer frequentemente a pequenas ajudas financeiras para manter as contas em dia. Se nossas contas já não estão em dia há muito tempo, a situação é considerada gravíssima.

Neste capítulo, serão fornecidas orientações tanto para quem está apenas perdendo o equilíbrio, quanto para aqueles cujo tombo já resultou em fraturas múltiplas. Recomendo a leitura, mesmo que não seja seu caso, pois, provavelmente, algum conhecido está precisando deste tipo de orientação.

Quando o financiamento pesa no orçamento

Destaquei, no capítulo anterior, uma característica comum a praticamente todos os contratos de financiamento: no momento da contratação, normalmente estamos em situação favorável de renda ou de carreira, um momento muito positivo, que nos leva a adotar uma atitude mais otimista do que normalmente adotaríamos em outros momentos de nossa vida. Com o tempo e o baixar da poeira, sentimos o peso real do orçamento quando a verba para pequenos imprevistos começa a fazer falta. Desanimamos ao perceber que pagamos muito e que continuamos devendo muito mais.

O erro está em dois pontos: superestimar nossa capacidade de arcar com prestações e não tentar compreender o real peso dos juros nos contratos que assinamos. Para mensurar melhor nossa capacidade de pagamento, não há outro caminho a não ser adotar um controle orçamentário disciplinado e frequente. Para compreender o custo real do crédito, a já sugerida prática de solicitar uma simulação dos pagamentos, somar o total dos desembolsos e compará-lo com o preço à vista do item financiado já nos dá uma boa luz sobre a questão.

Melhor seria entender a lógica matemática dos financiamentos, analisando a evolução de uma dívida durante o prazo de seu contrato.

1) A Tabela Price

Em geral, financiamentos seguem a lógica da chamada Tabela Price, que é uma técnica que concentra os pagamentos de juros no começo de um plano de financiamento, deixando para as últimas parcelas a maior parte do real pagamento da dívida. Isso é feito por meio de pagamentos uniformes (iguais em cada prestação), que embutem em seu valor tanto os juros sobre a dívida quanto uma redução – chamada tecnicamente de amortização – dessa dívida. Como as parcelas são iguais todos os meses e a dívida vai diminuindo aos poucos, a cada pagamento feito há uma parcela menor de juros e uma parcela maior de amortização da dívida.

Por isso, nem tudo que você paga em um financiamento é quitação de dívida. Boa parte dos pagamentos inclui o chamado custo da dívida, que decorre da taxa de juros cobrada. Por exemplo, imagine que você quer financiar a compra de uma televisão, cujo preço à vista é R$2.000, em 10 parcelas iguais, com juros de 3% ao mês, sem entrada. Calculando com a matemática financeira apropriada,[1] você pagará 10 prestações de R$234,46, sendo a primeira após 30 dias e as outras nove a cada mês subsequente. Para fazer suas próprias simulações de contas da Tabela Price, acesse o site www.maisdinheiro.com.br, clique no link Simuladores e faça o download do respectivo arquivo.

A princípio, o pagamento de juros estaria no valor que está a maior em relação aos R$200 que seriam pagos mês a mês caso não houvesse juros. Para a operação total, essa ideia não deixa de ser verdadeira, mas, na prática, o que acontece é o seguinte:

- No primeiro mês, você está devendo R$2.000 ao lojista, com juros de 3% ao mês.
- Os juros a serem pagos, ao final do primeiro mês, são de R$60 (R$2.000 vezes 3%).
- Se a prestação é de R$234,46, desse valor, R$60,00 são juros e o restante, R$174,46, é amortização da dívida (o mesmo que redução do saldo devedor). Repare que, apesar de você pagar R$234,46, sua dívida só se reduz em R$174,46.
- Isso significa que, para o segundo mês, você não está mais devendo R$2.000, mas sim esse valor menos R$174,46. Sua dívida agora é de R$1.825,54.
- Os juros a serem pagos no segundo mês serão de 3% sobre a dívida de R$1.825,54, ou seja, R$54,77.
- Como a parcela que você pagará é de R$234,46, todo o valor restante será amortização, isto é, R$179,69. Após o pagamento, seu saldo devedor cairá para R$1.645,84.

Perceba que os juros ficaram menores e a amortização ficou maior. O planejamento total do financiamento ficaria assim:

---

[1]Não é propósito deste livro apresentar as fórmulas e conceituações matemáticas dos cálculos feitos. Para saber mais sobre a formulação matemática da Tabela Price, recomendo a leitura de *Dinheiro: os segredos de quem tem* (São Paulo: Editora Gente, 9ª. ed., 2007), de minha autoria.

	Valor da dívida	Pagamento devido	Pagamento de juros	Amortização da dívida
No ato da compra	R$2.000,00			
Após 1 mês	R$1.825,54	R$234,46	R$60,00	R$174,46
Após 2 meses	R$1.645,84	R$234,46	R$54,77	R$179,69
Após 3 meses	R$1.460,76	R$234,46	R$49,38	R$185,09
Após 4 meses	R$1.270,12	R$234,46	R$43,82	R$190,64
Após 5 meses	R$1.073,76	R$234,46	R$38,10	R$196,36
Após 6 meses	R$871,51	R$234,46	R$32,21	R$202,25
Após 7 meses	R$663,20	R$234,46	R$26,15	R$208,32
Após 8 meses	R$448,63	R$234,46	R$19,90	R$214,57
Após 9 meses	R$227,63	R$234,46	R$13,46	R$221,00
Após 10 meses	R$0,00	R$234,46	R$6,83	R$227,63

No quadro a seguir é apresentado, de forma mais clara, quanto já se pagou de juros e quanto da dívida foi realmente amortizado:

	Valor da dívida	Soma dos pagamentos feitos	Total de juros pagos	Dívida já paga
No ato da compra	R$2.000,00			R$0,00
Após 1 mês	R$1.825,54	R$234,46	R$60,00	R$174,46
Após 2 meses	R$1.645,84	R$468,92	R$114,77	R$354,16
Após 3 meses	R$1.460,76	R$703,38	R$164,14	R$539,24
Após 4 meses	R$1.270,12	R$937,84	R$207,96	R$729,88
Após 5 meses	R$1.073,76	R$1.172,31	R$246,07	R$926,24
Após 6 meses	R$871,51	R$1.406,77	R$278,28	R$1.128,49
Após 7 meses	R$663,20	R$1.641,23	R$304,43	R$1.336,80
Após 8 meses	R$448,63	R$1.875,69	R$324,32	R$1.551,37
Após 9 meses	R$227,63	R$2.110,15	R$337,78	R$1.772,37
Após 10 meses	(R$0,00)	R$2.344,61	R$344,61	R$2.000,00

A Tabela Price, cujos efeitos são mostrados nos quadros anteriores, foi criada e é usada para proteger o vendedor ou a instituição que concede o crédito. Se o comprador ou tomador do crédito decidir devolver o produto comprado após pagar metade das parcelas (ao final de cinco meses), exigindo seu dinheiro de volta, terá a receber R$926,24. O valor é menor do que o total pago até então (R$1.172,31) e do que a metade do valor do bem (R$1.000), pois os juros pagos foram o aluguel pelo uso do dinheiro de terceiros.

Quanto mais longo for o prazo de um financiamento, menor será a amortização inicial e mais intensa será a concentração de juros no começo e amortizações no final do fluxo de pagamentos. Reforço meu convite para que você faça suas próprias contas por meio do simulador disponibilizado em meu site. Verifique as consequências de um financiamento de 30 anos (360 meses) e, principalmente, os efeitos de juros mais elevados, como 2% ou 3% ao mês.

2) A Tabela SAC

Como a Tabela Price onera demais o devedor em contratos com juros elevados ou, principalmente, com prazos longos, algumas financeiras oferecem a seus clientes a opção de financiar a compra de imóveis pelo Sistema de Amortização Constante, conhecido como Sistema SAC. Basicamente, a diferença entre esse sistema e a Tabela Price está na forma de amortizar a dívida ao longo do tempo. Enquanto na Tabela Price a amortização é crescente, na Tabela SAC a amortização é constante, ou seja, sempre igual. A construção dessa tabela é mais simples para os leigos, pois parte da divisão do valor inicial da dívida em parcelas iguais, adicionando-se, sobre cada parcela, os juros sobre a dívida que ainda não foi paga. Como consequência, as prestações decrescem em valor ao longo do tempo.

Para exemplificar o uso da Tabela SAC, adotarei o mesmo exemplo da compra de uma televisão, também com preço à vista de R$2.000 e pagamento em 10 parcelas iguais, com juros de 3% ao mês, sem entrada. Como as amortizações da dívida são constantes, em cada uma das dez parcelas será feita uma amortização de R$200. Após o primeiro mês, você terá a pagar esses R$200, mais 3% de juros sobre o saldo devedor, que, por enquanto, é R$2.000. Com isso, a primeira prestação a pagar é R$260, o que reduz a dívida para R$1.800 no segundo mês. Na prática, o que acontece é o seguinte (mantive a mesma sequência exemplificada na Tabela Price para que você possa comparar os dois exemplos):

- No primeiro mês, você deve R$2.000 ao lojista, com juros de 3% ao mês.
- Os juros a serem pagos, ao final do primeiro mês, são de R$60 (R$2.000 vezes 3%).
- A primeira prestação é de R$260 e, desse valor, R$60 são juros e o restante, R$200, é amortização da dívida.
- Isso significa que, para o segundo mês, você não está mais devendo R$2.000, mas sim esse valor menos R$200. Sua dí-

vida agora é de R$1.800. Perceba como já é menor do que a dívida pela Tabela Price, que, nesse segundo mês, era de R$1.825,54.

- Os juros a serem pagos no segundo mês serão de 3% sobre a dívida de R$1.800, ou seja, R$54.
- Com isso, a segunda prestação será de R$254, resultado da soma da amortização de R$200 com os juros de R$54. Após o pagamento, seu saldo devedor cairá para R$1.600 (na Tabela Price, estaria em R$1.645,84).

Perceba que os juros e o valor das parcelas decrescem, e a amortização se mantém constante. O planejamento total do financiamento ficaria assim:

	Valor da dívida	Pagamento devido	Pagamento de juros	Amortização da dívida
No ato da compra	R$2.000,00			
Após 1 mês	R$1.800,00	R$260,00	R$60,00	R$200,00
Após 2 meses	R$1.600,00	R$254,00	R$54,00	R$200,00
Após 3 meses	R$1.400,00	R$248,00	R$48,00	R$200,00
Após 4 meses	R$1.200,00	R$242,00	R$42,00	R$200,00
Após 5 meses	R$1.000,00	R$236,00	R$36,00	R$200,00
Após 6 meses	R$800,00	R$230,00	R$30,00	R$200,00
Após 7 meses	R$600,00	R$224,00	R$24,00	R$200,00
Após 8 meses	R$400,00	R$218,00	R$18,00	R$200,00
Após 9 meses	R$200,00	R$212,00	R$12,00	R$200,00
Após 10 meses	R$0,00	R$206,00	R$6,00	R$200,00

No quadro a seguir é apresentado, de forma mais clara, quanto já se pagou de juros e quanto realmente se amortizou de dívida:

	Valor da dívida	Soma dos pagamentos feitos	Total de juros pagos	Dívida já paga
No ato da compra	R$2.000,00			R$0,00
Após 1 mês	R$1.800,00	R$260,00	R$60,00	R$200,00
Após 2 meses	R$1.600,00	R$514,00	R$114,00	R$400,00
Após 3 meses	R$1.400,00	R$762,00	R$162,00	R$600,00
Após 4 meses	R$1.200,00	R$1.004,00	R$204,00	R$800,00
Após 5 meses	R$1.000,00	R$1.240,00	R$240,00	R$1.000,00
Após 6 meses	R$800,00	R$1.470,00	R$270,00	R$1.200,00
Após 7 meses	R$600,00	R$1.694,00	R$294,00	R$1.400,00
Após 8 meses	R$400,00	R$1.912,00	R$312,00	R$1.600,00
Após 9 meses	R$200,00	R$2.124,00	R$324,00	R$1.800,00
Após 10 meses	R$0,00	R$2.330,00	R$330,00	R$2.000,00

Repare que, pela Tabela SAC, o total pago é menor do que o da Tabela Price (R$2.330,00 contra R$2.344,61) e o saldo devedor é sempre proporcional ao prazo decorrido. A desvantagem está em começar o plano com prestações maiores do que na Tabela Price, mas até isso pode ser interpretado como vantagem, pois é coerente com a lógica que diz que, ao contratar financiamentos, subestimamos as dificuldades de orçamentos futuros. Por essas razões, o Sistema SAC se mostra mais vantajoso do ponto de vista do devedor do que o Sistema Price. Essas vantagens se sobressaem mais ainda para financiamentos de prazo mais longo e taxas de juros mais elevadas. O simulador de Tabela SAC também está disponível para download no link Simuladores do site www.maisdinheiro.com.br.

3) O Sistema SACRE

Uma variante do Sistema SAC utilizada nos financiamentos da Caixa Econômica Federal é o chamado Sistema de Amortização Crescente (SACRE). A diferença básica entre esse sistema e os anteriores é a adoção de uma parcela inicial de amortização superior, o que resulta em redução mais rápida do saldo devedor.

A amortização inicial é calculada como uma fração do saldo devedor, proporcional ao prazo a decorrer no contrato, como no Sistema SAC. A cada mês, o saldo devedor do financiamento é corrigido pela Taxa Referencial (TR) e, depois da correção, é feita a amortização da dívida. Isso resulta em um sistema misto entre o Sistema Price e o SAC, em que as prestações aumentam de valor durante uma fase inicial do contrato até chegar a um momento a partir do qual passam a diminuir.

O Sistema SACRE implica uma prestação inicial elevada. Com o passar do tempo, esse valor vai diminuindo, tornando a vida financeira do devedor mais fácil no longo prazo. As amortizações crescem, ao passo que os juros caem ao longo dos anos, como consequência da diminuição do saldo devedor a cada prestação paga. A vantagem das prestações decrescentes é que o risco de inadimplência, comparado ao Sistema Price, é significativamente mais baixo.

4) Vale a pena antecipar prestações?

Uma situação comum entre os que pagam normalmente seus financiamentos e administram bem suas finanças é o surgimento da oportunidade de antecipar pagamentos, em consequência de recursos disponíveis na conta corrente ou em seus investimentos.

Do ponto de vista racional, a resposta à dúvida entre antecipar ou não depende do momento em que se encontra seu contrato de financiamento e das condições impostas pelo contrato que rege essa operação. Teoricamente, se você acelera a diminuição de uma dívida ou mesmo a extingue de uma só vez, deve pagar menos juros, pois estará usando recursos de terceiros por menos tempo.

O primeiro ponto a verificar é se o contrato não impõe nenhum tipo de multa ou penalização sobre as antecipações de pagamento. Uma penalização comum é a exigência de que apenas uma fração dos juros devidos seja descontada da parcela a ser antecipada. Essa penalização apareceria no contrato com redação similar a esta:

"Em caso de antecipação nos pagamentos, serão deduzidos 60% dos juros devidos na prestação paga em data anterior a seu vencimento."

Para exemplificar, veja o fluxo que utilizamos como exemplo quando expliquei o sistema SAC. Considere que você deseja pagar simultaneamente a quinta e a sexta parcelas, com os valores R$236 e R$230, respectivamente. Se seu contrato inclui uma cláusula como a descrita, você não terá direito à dedução integral dos juros de R$30 na parcela de R$230, apenas a uma dedução de R$18 (equivalente a 60% dos juros de R$30). Se o recurso disponível para o pagamento dessa prestação não tem potencial de gerar rendimentos equivalentes aos juros economizados, o pagamento antecipado será um bom negócio.

Outra penalização, mais comum e mais desvantajosa para o devedor, é a imposição contratual de que o adiantamento de pagamentos considere como antecipadas sempre as últimas parcelas a vencer. Pode parecer que faz pouca diferença, mas há uma enorme armadilha nessa exigência. Se você observar o ritmo de amortizações e pagamentos de juros em financiamentos longos, perceberá que, nas últimas prestações, o valor dos juros é mínimo, muitas vezes caindo na casa dos centavos. Nesse caso, a antecipação de pagamentos é um péssimo negócio, pois você não terá direito a praticamente nenhum desconto. Tendo o dinheiro disponível, é melhor aplicá-lo e esperar o vencimento da parcela para efetuar o devido pagamento.

Outro ponto a verificar antes de efetuar o pagamento de mais de uma prestação é o momento do fluxo em que você se encontra. Lembre-se de que em fluxos longos, como o de financiamento de imóveis, a maior parte do valor das primeiras prestações equivale a juros, e a maior parte do valor das últimas equivale a amortizações. Se você estiver na primeira metade do fluxo e puder antecipar parcelas subsequentes, provavelmente fará um bom negócio. Se você já tiver passado da metade do fluxo, provavelmente a antecipação não valerá a pena, mesmo que não lhe sejam impostas penalizações, pois terá direito a descontos mínimos sobre cada antecipação. Melhor será aplicar os recursos e continuar pagando normalmente suas prestações nos respectivos vencimentos.

Os argumentos expostos valem do ponto de vista racional. Do ponto de vista emocional, a antecipação pode lhe trazer um grande sentimento de alívio, principalmente se você tiver em mãos recursos para antecipar diversas parcelas e se sua situação de renda não for plenamente estável, como acontece com autônomos, profissionais liberais e demais profissionais próximos de se aposentarem. Nesses casos, o bem-estar proporcionado pela eliminação de um compromisso pode ser muito bem pago por qualquer desconto nos compromissos vincendos. Cabe a você decidir se será capaz de conviver com a disciplina do compromisso no longo prazo ou se quer pagar um preço para ter seu orçamento mais leve daqui para a frente.

5) Interromper ou não um contrato de financiamento?

Você assinou um contrato de financiamento e agora está com dificuldades para honrá-lo. A situação, bastante corriqueira, também requer reflexão cuidadosa para não agravar o problema. Um fato é irrefutável: se você interromper o financiamento antes do final e tiver direito a receber algum dinheiro (sim, há situações em que nem isso é possível!), certamente receberá menos do que o valor de mercado e bem menos do que pagou pelo bem devolvido ao vendedor. As perdas concentram-se basicamente nos juros pagos – lembre-se, você não comprou nada ao pagar juros, apenas alugou o dinheiro de alguém – e nas penalizações impostas pelo contrato.

Existe a opção de revender o item financiado, mas, antes de fazer isso, também se deve estudar as restrições contratuais. Há contratos de financiamento que simplesmente proíbem a venda de bens que estão alienados em nome do banco ou da financeira. Há casos em que são cobradas multas nada desprezíveis para viabilizar a mudança de usuário.

O que parece ser uma grande injustiça pode, na verdade, ser explicado facilmente: ao entrar em um financiamento, o crédito que está em análise é o seu, e você dará entrada na burocracia necessária para obter os recursos. Para a instituição que fornece o crédito, a solicitação de mudança se traduz de duas formas: 1) alguém que afirmou que pagaria o devido não conseguiu sustentar seu compromisso; e 2) há a necessidade de estudar novamente o crédito de uma operação que já está em andamento (somente uma análise detalhada definirá se o possível comprador conseguirá honrar o compromisso do financiamento).

Melhor é evitar a quebra de compromisso. Em qualquer momento do fluxo de pagamentos, sua perda será significativa caso decida abandonar o contrato. Por isso, redobre o cuidado antes de assiná-lo. Uma vez assumido o compromisso, há pouco a fazer para minimizar custos financeiros.

Como fazer o consórcio pesar menos no bolso

Consórcios são conhecidos por serem matematicamente mais vantajosos do que os financiamentos quando os prazos para pagamento de ambos é o mesmo. A razão para a vantagem está no conceito da remuneração paga a quem concede o crédito.

Nos financiamentos, a instituição financeira possui recursos disponíveis, usa esses recursos para pagar à vista a alguém que vende um bem e passa a receber de volta os recursos aos poucos, incluindo uma taxa pelo aluguel destes. Quanto mais tempo puder dispor dos recursos, mais juros a instituição ganhará.

Nos consórcios, a administradora do grupo de consórcio não tem que arcar obrigatoriamente com o valor do bem. Seu papel é reunir vários interessados em adquirir cotas de um consórcio – os chamados consorciados – vinculado a determinado bem (automóvel, casa, computador) ou serviço (escola, reforma, tratamento odontológico, cirurgia estética), que pagarão frações do valor do bem ou serviço durante vários meses. A cada mês, a soma das prestações pagas por todos os consorciados, mais a antecipação de prestações pagas por alguns participantes (os chamados lances) viabilizam a compra de um ou mais bens, cuja entrega aos consorciados será feita por meio de carta de crédito, por sorteio ou em decorrência de um lance que supere o dos demais consorciados. A carta de crédito será utilizada pelo consorciado para comprar o bem que atender a sua necessidade ou para contratar o serviço desejado. Para administrar esse processo, a administradora cobra uma taxa, que é embutida no valor de cada prestação paga.

Enquanto os juros totais de um financiamento de longo prazo chegam a dobrar e, às vezes, a triplicar o valor total da operação, a taxa de administração de um consórcio raramente ultrapassa a casa dos 25% do valor total da operação. Obviamente, essa vantagem tem seu preço: enquanto nos financiamentos você tem acesso imediato ao bem que comprou (mesmo que ele fique alienado em nome do financiador), no consórcio o acesso dependerá de sua sorte ou de sua força financeira para dar um lance vencedor. Quanto mais tempo demorar para ser contemplado em um consórcio, pior terá sido o negócio para você, pois você estará pagando sem ter o bem.

Por esse motivo, a entrada em um consórcio requer boa conversa com o especialista que o negocia, a fim de obter referências sobre qual valor deve ser ofertado como lance para viabilizar o resgate do valor da carta de crédito em poucos meses. Muitas pessoas já adquirem um consórcio pensando em dar lance, a fim de usufruir do recurso em pouco tempo e com menor custo do que no financiamento.

Antes de seguir essa estratégia, atente, porém, a alguns detalhes que, quando ignorados, impedem que seu plano saia como planejado:

- Garanta que você terá como se manter sem o bem que pretende adquirir por meio do consórcio. Se você realmente precisa de um automóvel ou de uma moradia dentro de alguns meses, prefira o financiamento.
- Considere que, no começo do grupo de consórcio, os lances costumam ser elevados, pois vários consorciados estarão disputando o resgate do valor da carta de crédito.
- Atente para o valor sugerido pelo vendedor como lance razoável para garantir o resgate. Quando, por exemplo, a informação é a de que é preciso dar um lance de 40% do valor do bem, normalmente não se considera nesse valor a taxa de administração do consórcio, que também fará parte do lance.

Explicarei esse último ponto com um cálculo simples. Suponha que você contrate um consórcio no valor de R$100.000 e que disponha de reserva financeira de R$50.000 para ofertar como lance. Diferentemente do que se costuma supor, R$50.000 não equivalem a 50% de lance. O percentual do lance é calculado sobre o valor da carta de crédito (R$100.000), somado à taxa de administração e ao fundo de reserva (recurso que visa garantir a liquidez do consórcio, ou seja, que o grupo não será desfeito em decorrência da inadimplência de um ou de outro). Em outras palavras, o cálculo do lance é feito sobre o valor da dívida, e não sobre o valor da carta de crédito.

Por isso, se o custo de seu consórcio inclui contratualmente, por exemplo, 15% de taxa de administração e 1% de fundo de reserva, o valor a ser considerado no cálculo do percentual deve ser de R$100.000 + 16%, ou seja, R$116.000. Dessa forma, os R$50.000 representariam 43,1%, e não 50%. Tal diferença pode ser decisiva para a obtenção ou não da carta de crédito.

Outro ponto a considerar antes de adquirir uma cota de consórcio é a menor flexibilidade para desistências desse tipo de plano. Se você se vir obrigado a interromper seus pagamentos (por necessidade ou simplesmente por desistência do plano), só será viável vender sua cota a terceiros se você tiver sido contemplado com a carta de crédito, caso contrário, dificilmente encontrará interessados. Com o passar do tempo e sem a contemplação, o consórcio mostra-se uma solução ruim e apenas duas saídas lhe restarão: 1) continuar pagando e adquirir a carta de crédito só Deus sabe quando; ou 2) interromper os pagamentos e aguardar o final do grupo para receber o que pagou (menos os custos), com a correção monetária proposta em contrato. Enquanto o grupo estiver em vigor, o saldo do que você já pagou comporá a reserva para garantir a solidez do consórcio.

Quando a situação está fora de controle

Não conseguir pagar os compromissos assumidos é nítido sinal de que lhe falta consciência quanto à real utilidade de seus limites de crédito. Contudo, poucas situações são tão comuns em uma família brasileira quanto a dificuldade de pagar todas as contas e prestações do mês, somada ao uso frequente do cheque especial e outras dívidas, o que resulta em agonia e sofrimento entre os familiares. De todas as dúvidas que recebi pessoalmente, por e-mail e nos programas de rádio e televisão de que participei, aquelas concernentes a como sair de dívidas indomáveis sempre foi a mais frequente.

Se é o seu caso, você fez escolhas incompatíveis com seu nível de renda. Não importa o motivo que o levou a "entrar no vermelho": se foi um acidente de trânsito, faltou-lhe um seguro ou uma reserva de emergências; se foi um convite inesperado para ser padrinho de casamento, faltou constituir uma verba para esse tipo de situação; se foi um problema de saúde, faltou contratar um seguro-saúde adequado; se foi o desemprego, faltou investir em sua carreira.

Obviamente, acidentes acontecem e é impossível prever todo tipo de situação que possa afetar e desequilibrar nossa vida financeira. Entretanto, é justamente para nos garantir contra imprevistos que existe o crédito. Quem usa e abusa de seus limites em situações cotidianas que podem ser adiadas está esgotando sua segurança. Mas, se o leite já está derramado, não é hora de chorar, e, sim, de agir para evitar o agravamento da situação.

Nunca é tarde para reverter uma situação desfavorável. Tudo dependerá de sua força de vontade (e de toda sua família também) para dar a volta por cima. Com isso em mente, a solução para sair do vermelho é decretar guerra às dívidas e tentar eliminá-las da forma mais rápida e intensa possível. Convoque a família para discutir a situação. Conversem sobre possibilidades de aumentar a renda. Utilizem a criatividade para vender coisas que não precisam para fazer um dinheirinho extra, evitem compras que não sejam extremamente necessárias e se proponham a fazer esse esforço por um período curto e determinado, por exemplo, quatro ou cinco meses.

As várias ações devem ocorrer simultaneamente, de forma intensa e, repito, por pouco tempo. Essa será a forma mais fácil de suportar o sofrimento. Economizar aos pouquinhos será como cavar um buraco próximo ao mar. Os juros, como uma onda, farão do buraco de dívida o mesmo que fazem com o buraco de areia...

Primeira providência: estancar a saída de dinheiro

O objetivo é, antes de aplicar o remédio, estancar o ferimento. No caso, o ferimento está no volume de gastos maior do que o orçamento comporta. Os gastos da família devem ser reduzidos a níveis abaixo da subsistência. Se a família realmente acreditar nesse plano, encarará o desafio como uma gincana, e não como um problema, e lidará positivamente com a situação. Algumas sugestões para cortar os gastos radicalmente incluem:

- Elimine totalmente as compras parceladas.
- Decrete guerra ao consumo de energia. Vale desrosquear lâmpadas, tomar banhos rápidos (lembre-se da gincana: que tal uma competição para ver quem consome menos tempo?), caprichar menos ao passar roupas, diminuir o termostato da geladeira, diminuir as horas de uso da televisão e do computador (quando foi a última vez que vocês jogaram cartas juntos?), eliminar o uso de DVDs e tirar aparelhos eletrônicos da tomada, dentre outros.
- Condicionadores de ar e ventiladores também estão descartados. Abanar-se também refresca.
- O gás é muito mais barato do que a energia elétrica. Tire o microondas da tomada ou, se preciso, tire-o da cozinha. Enquanto as contas não estiverem equilibradas, os alimentos serão aquecidos no fogão ou no forno – a gás, não elétrico. Isso toma mais tempo, mas é mais um motivo para reunir a família. Por que não na cozinha?
- Pelo motivo anterior, descarte a compra de alimentos semiprontos. Prefira comprar ingredientes *in natura* e fazer suas próprias receitas, prática que custa menos, rende mais e também faz da cozinha um lugar mais divertido.
- Guarde o telefone celular na gaveta e compre cartões telefônicos. Os telefones públicos costumam estar nos lugares que realmente motivam ligações relevantes.
- Nenhuma compra deve ser feita se não for uma necessidade básica. Isso inclui roupas, acessórios, revistas, jornais, bugigangas e presentes. Sim, presenteiem-se de forma simbólica, com gestos e não com coisas materiais – uma foto é uma boa maneira de guardar momentos.
- Deixe o carro na garagem, ou até mesmo venda-o, principalmente se você trabalhar próximo de casa. Ônibus faz bem para o bolso e bicicleta faz bem para o bolso e para a saúde.

- Lazer? Que tal resgatar o hábito de fazer caminhadas pelo bairro?
- Interrompa o curso de idioma, a academia, as terapias e massagens.
- Férias? Só depois de reequilibrar sua vida financeira. Aproveite os roteiros turísticos e programas culturais gratuitos de sua cidade.
- Gaste menos com alimentos. Explique a pessoas queridas que você está em uma situação única na vida, a qual culminará em sua libertação de um velho problema, e peça ajuda. Não em dinheiro! Peça para ser convidado para jantar na casa dessa pessoa querida, obviamente por conta dela. Se ela for realmente querida e se propuser a ajudar, não recuse o convite para que toda a família tome banho e assista a novela por lá, para economizar na conta de luz. Pode parecer piada, mas familiares jamais recusam esse tipo de ajuda. Já se fosse um pedido de dinheiro...

A lista de sugestões de economia daria, por si só, um livro. Por isso, limito-me aos itens citados, que estão entre os que mais sugeri na época em que prestava consultoria individual. Curiosamente, o último item sempre foi um dos mais bem aceitos. Não se esqueça: adote várias ações simultâneas para estancar gastos. Seja radical, pois será um período de transformação em suas vidas. O objetivo aqui não é equilibrar o orçamento, mas sim desequilibrá-lo para o lado que fará sobrar recursos para aniquilar as dívidas o quanto antes. Ao mesmo tempo em que adotam as iniciativas para cortar gastos, recomendo o controle orçamentário, caso ainda não o tenham feito. Se o corte nos gastos diminuir seu lazer, está aí um entretenimento importante nessa fase de ajuste: dedicar um bom tempo para mapear os gastos e a evolução dos cortes. Para isso, vocês podem acessar meu site (www.maisdinheiro.com.br/simuladores/) e baixar a planilha de orçamento doméstico disponível.

Segunda providência: organizar as dívidas

Identifique-as e defina quais devem ser eliminadas primeiro. A planilha a seguir será bastante útil nesse processo.

Dívida	Tipo	Credor	Taxa de juros	Total de prestações	Prestações a pagar	Valor das prestações	Valor em atraso	Valor a pagar	Total a pagar
1									
2									
3									
4									
5									
6									
7									
8									
9									
10									
TOTAL							R$ –	R$ –	R$ –

Para preencher a planilha de organização das dívidas, siga os seguintes critérios:

- **Tipo:** identifique o tipo de dívida, de acordo com sua denominação genérica: empréstimo pessoal, crédito direto ao consumidor (CDC), financiamento de carro, financiamento imobiliário, crédito rotativo no cartão de crédito etc.
- **Credor:** identifique para quem você está devendo.
- **Taxa de juros:** descreva a taxa de juros mensal cobrada na dívida, que costuma constar do contrato e dos extratos ou carnês relacionados à dívida. Preferencialmente, a taxa a ser informada aqui é a que traduz o Custo Efetivo Total (CET), que deve ser informado por seu credor por determinação legal.
- **Total de prestações:** informe o número total de prestações previstas inicialmente no plano. Deixe sem preencher nos casos de empréstimos que não envolvem negociação de prazo para quitação, como o cheque especial e o crédito rotativo no cartão de crédito.
- **Prestações a pagar:** informe aqui o número de prestações que ainda faltam ser pagas. Como no item anterior, deixe sem preencher nos casos de empréstimos que não envolvem negociação de prazo para quitação.
- **Valor das prestações:** é o valor atual de cada prestação, já considerando eventuais reajustes feitos até a última parcela.

Deixe sem preencher nos casos de empréstimos que não envolvem negociação de prazo para quitação.

- **Valor em atraso:** se houver, informe o valor total com pagamento em atraso, incluindo encargos resultantes da inadimplência. Nos casos de empréstimos que não envolvem negociação de prazo para quitação, preencha o valor total de sua dívida a pagar.
- **Valor a pagar:** valor que ainda falta pagar, multiplicando-se o número de parcelas em aberto por seu valor. Para empréstimos que não envolvem negociação de prazo para quitação, não informe nada, caso já tenha preenchido o saldo devedor no item Valor em Atraso.
- **Total a pagar:** valor total de sua dívida, incluindo parcelas já pagas e parcelas a vencer.

Uma vez preenchidos os campos da planilha para todas as dívidas que possui, totalize, na última linha, seus compromissos. Com a planilha pronta, classifique suas dívidas por ordem de relevância. Se preferir, inclua uma coluna a mais à direita da planilha, classificando com número 1 a dívida mais crítica, com número 2 a segunda mais crítica, e assim sucessivamente. As dívidas que possuem maiores taxas de juros, seguidas pelas de maior valor mensal de prestações, são as mais críticas e devem ser eliminadas antes, conforme a próxima providência para equilibrar sua situação financeira.

Terceira providência: equilibrar as dívidas

Assim que organizar suas dívidas na planilha sugerida no item anterior, o próximo passo é montar um plano para equacioná-las e passar a acompanhar de perto o andamento das finanças pessoais. Recomendo as seguintes iniciativas, começando cada uma delas pela dívida mais crítica e seguindo a classificação de prioridades:

1. Contate seus credores o quanto antes, esclarecendo seu interesse em saldar os compromissos atrasados. Para as dívidas no cheque especial e no cartão de crédito, peça uma revisão no saldo devedor e nos encargos, solicitando uma proposta de desconto para que haja quitação imediata. Alguns bancos su-

gerirão o parcelamento da dívida, o que, na prática, é o mesmo que substituir o cheque especial pelo empréstimo pessoal – é um bom começo, mas não deixe de considerar as etapas a seguir.

2. Caso suas dívidas estejam se acumulando em financiamentos ou empréstimos parcelados, contate seus credores o quanto antes, exponha a eles a situação e peça um prazo mais longo para quitar as dívidas. Se possível, pleiteie uma redução no valor das dívidas, uma vez que você corre o risco de não conseguir pagá-las.
3. Se for possível solicitar um empréstimo pessoal que seja suficiente para cobrir toda a dívida no cheque especial e/ou no rotativo do cartão de crédito, faça-o o quanto antes. O prazo para pagar as prestações do empréstimo deve ser escolhido de forma a viabilizar uma parcela que caiba, com folga, no novo orçamento racionado da família. Quanto maior o prazo, menor a parcela.
4. Caso você tenha um automóvel em condições de ser refinanciado (quitado ou com a maior parte do financiamento já pago e com idade dentro do limite imposto pelo banco ou financeira), prefira essa opção ao empréstimo pessoal, mas note que esta não deve ser prática a ser incentivada, uma vez que se está perdendo um bom valor em juros. Esta deve ser considerada apenas como alternativa ao empréstimo, quando este se mostra essencial.
5. Compare a taxa de juros para refinanciamento de seu automóvel com a taxa de juros cobrada por um empréstimo consignado (caso você tenha acesso a um) ou por um empréstimo em uma cooperativa de crédito (caso você seja cooperado ou possa sê-lo). Essas modalidades tendem a ser equivalentes ou melhores do que o refinanciamento de veículos.
6. Construa um fluxo de eliminação de dívidas, calculando quando elas começam a diminuir e em quanto tempo você estará livre. Ao ter uma visão do todo, mês a mês, fica mais fácil identificar o impacto de suas negociações no orçamento dos próximos meses. Além disso, você passa a conhecer o prazo de sacrifício necessário antes de propor uma grande celebração em família. Quanto menor o prazo para quitar as dívidas,

maior será o sacrifício, mas mais eficaz será sua recuperação. Lembre-se de que cada mês a mais como devedor significa mais juros saindo de sua conta. Utilize uma planilha como a que proponho a seguir (o número da dívida corresponde à classificação na planilha anterior):

Dívida	Mês 1	Mês 2	Mês 3	Mês 4	Mês 5	.....	Mês n
1							
2							
3							
4							
5							
6							
7							
8							
9							
10							
TOTAL	**R$ –**	**R$ –**	**R$ –**	**R$ –**	**R$ –**	**.....**	**R$ –**

7. Agora que você já conhece o tamanho do esforço que tem pela frente, compare-o com a folga obtida no orçamento a partir de seu esforço (e de sua família) em economizar.
8. Na falta de recursos suficientes, avalie os bens que pode vender para obter recursos imediatamente. Esse passo atrás significa que você está abrindo mão dos excessos que cometeu e que o colocaram nessa situação.
9. Somente após avaliar a possibilidade de venda, use sua poupança ou, em casos extremos, a previdência para pagar as dívidas.
10. Se não for possível parcelar todas as dívidas de forma a caber em seu orçamento, é hora de jogar duro. Com os recursos economizados a partir da contenção de despesas recomendada na primeira providência desta lista, pague apenas dívidas já equacionadas ou negociadas, sempre começando pelas mais caras. Até que consiga ser ouvido para uma negociação, interrompa o pagamento de juros no cartão de crédito e no cheque especial, pois essas dívidas crescem muito rápido e destroem sua capacidade de saldar os demais compromissos.

11. Em caso de divergências na negociação e falta de acordo, não deixe de consultar um advogado. Solicite a ele uma análise de seus contratos e orientação sobre quais privilegiar. Dúvidas sobre legislação e direitos podem também ser dirimidas por meio de consultas ao site www.endividado.com.br.
12. Caso seu nome já esteja no cadastro de inadimplentes, você precisa pagar a dívida, ou renegociá-la, para poder limpá-lo. Não há saída mais vantajosa. Assim que quitar ou negociar a dívida, solicite ao credor que providencie a exclusão de seu nome do cadastro de inadimplentes. Se isso não acontecer, será preciso fazer a solicitação pela justiça, por meio de liminar.
13. Combine com a família algum tipo de celebração, como um jantar, uma viagem ou um presente para todos, para o dia em que esse plano chegar ao fim com sucesso. Essa atitude será lembrada por muitos anos como um marco e ajudará a família a não repetir o erro do passado. Obviamente, a verba para a celebração deve estar prevista no orçamento, e não originar novas dívidas.

Quarta providência: celebrar

Essa parte é com você. Seja criativo e aproveite!

Esse é o plano. Repare que ele se baseia em três pilares: sacrifício intenso por tempo conhecido, substituição de dívidas e disciplina. Se trocarmos o termo "substituição e dívidas" por "mudança na dieta", o conceito é o mesmo de um regime para emagrecimento. Cabe a você sair da zona de conforto e encarar o desafio, pois a receita funciona.

Iniciativas para seu projeto pessoal

- Municie-se antes de assinar compromissos de valor relevante. Adote o hábito de fazer uma ampla pesquisa de alternativas antes de comprar um bem financiado.
- Faça download dos simuladores da Tabela Price e da Tabela SAC, no site www.maisdinheiro.com.br. Estude e entenda seus financiamentos, mesmo que já estejam em andamento.
- Ao dispor de recursos para antecipar as prestações de um financiamento, estude as cláusulas do contrato que o rege. Se a parcela a antecipar é obrigatoriamente a última do fluxo ou se há penalizações elevadas sobre o desconto, desista da ideia da antecipação.
- Se sua situação financeira estiver fora de controle, interrompa a leitura deste livro e inicie imediatamente seu plano para eliminação das dívidas.

CAPÍTULO 8

Segurança: mais pessoas dependem de você

A partir do momento em que conquistamos um grau razoável de equilíbrio em nossas finanças que nos permita desfrutar de uma prazerosa sensação de segurança, estabilidade e bem-estar, nossa reação natural é nos preocuparmos com a continuidade desse estado. Esse sentimento se fortalece nos casos em que mais pessoas dependem de nossa renda. Por esse motivo, muitas famílias começam a poupar e a planejar o futuro a partir do momento em que seus provedores entram em uma espécie de "voo de cruzeiro" em suas carreiras e em sua renda.[1]

O que parece ser uma atitude sensata e coerente com os princípios básicos das Finanças Pessoais pode, porém, negligenciar uma escolha mais relevante, que deve ser feita antes de se procurar garantir a preservação do futuro: a necessidade de garantir a preservação de nossa condição presente.

A construção de um futuro abastado depende de sobras em seu orçamento. As sobras no orçamento dependem de disciplina no uso de sua renda. A renda, porém, depende de estabilidade em vários fatores: em seu emprego, em sua saúde, em sua condição emocional e em seu patrimônio, dentre outros. Ao contrário da disciplina necessária para

---

[1]Voo de cruzeiro é a expressão usada na aviação para descrever a situação em que uma aeronave se encontra em velocidade e altitude constantes, indicando estabilidade.

garantir sobras no orçamento, nem todos os fatores citados podem ter sua estabilidade garantida por sua vontade própria. É preciso contar com meios de assegurar algum grau de estabilidade a sua família caso algum imprevisto aconteça.

Um dos meios de garantir a desejada estabilidade é a contratação de seguros. Porém, essa não é a única maneira de nos protegermos; por esse motivo, decidi dedicar este capítulo do livro a importantes reflexões sobre segurança.

Compreenda a dimensão de seu risco

Se o padrão de vida de sua família depende de uma renda que, por motivos diversos, pode vir a faltar, entende-se que esse padrão de vida é ilusório. Se esse for seu caso e se a família não adota nenhuma providência para preservação de renda, no mínimo deve contar com um plano para redução rápida do padrão de vida em caso de necessidade. Esse plano, certamente, não faz parte das escolhas da quase totalidade das famílias, expondo as pessoas que dependem de você a um risco muitas vezes ignorado.

Algumas questões, listadas a seguir, podem ajudá-lo a entender quão expostos estão seus dependentes.

Como você avalia sua situação de trabalho? Se você não está seguro quanto a sua estabilidade no emprego ou no negócio que possui e não sabe o que faria se perdesse a fonte de renda de seu trabalho, o nível de exposição é elevado. Por outro lado, se mesmo sem estabilidade você possui boa empregabilidade (alternativas para o caso de perder o trabalho ou principal fonte de renda atual), essa exposição cai consideravelmente.

Você possui múltiplas fontes de renda? O antigo modelo familiar paternalista, dependente de um único provedor (mesmo que não seja o pai), está com os dias contados. A ameaça de abalo na harmonia familiar é enorme quando todo um padrão de vida depende de nossa capacidade de atender aos interesses de um único empregador. Com o encurtamento das carreiras e com o valor do conhecimento e dos diplomas cada vez mais efêmero, arquitetar uma carreira que nos permita auferir fontes múltiplas de renda é uma importante iniciativa para garantir tranquilidade.

Se você ou outro provedor da família for impedido de trabalhar por vários meses, qual será o impacto no consumo da família? Não importa se o motivo é glorioso, como uma gestação inesperada, ou lamentável, como um acidente que lhe tira a condição essencial de trabalho por um tempo. Imagine as consequências de uma interrupção em sua atividade profissional. Após seis meses, seu posto de trabalho ainda estará a sua espera? Seus clientes ainda o procurarão? Se não souber a resposta, você terá de onde tirar recursos para manter a família até descobrir, meses depois? Se a resposta for negativa, quais são seus planos para a nova situação sem trabalho?

Se você ou outro provedor da família for impedido de trabalhar definitivamente, o que mudará na vida da família? Em algum momento, esse assunto deve fazer parte de uma conversa familiar. Em caso de morte de um dos provedores, de onde virão os recursos para manter o padrão de vida dos demais ou para investir em um negócio que gere a renda necessária para isso? Se, em vez de morte, o caso for de invalidez, de onde virão os recursos para manter a família, considerando o provável aumento de despesas em decorrência da presença de um doente no lar?

Se seu carro for roubado ou se sua residência for tomada por um incêndio, em quanto tempo você retomará as condições normais de transporte e moradia? A perda de um bem nos traz tanto perdas materiais quanto psicológicas, em decorrência da natureza violenta e inesperada do fato. Essa condição se agrava diante da impossibilidade de reposição da perda. Se houvesse, isso amenizaria o sofrimento e contribuiria para a superação familiar do trauma.

Se você sofresse hoje um processo judicial que lhe impusesse pesada indenização, até quanto poderia pagar sem afetar significativamente seus dependentes? Faça esse exercício. Se o mais improvável dos fatos o obrigasse a abrir mão de parte de sua fortuna hoje, qual seria a perda máxima que preservaria a dignidade de sua família?

As perguntas apresentadas não excluem todas as possibilidades de risco. Listei apenas os fatores mais comuns, dentre os que arruínam até os mais esmerados planos. É difícil mensurar nosso risco pessoal ou familiar total, mas, com as perguntas anteriores, espero tê-lo feito refletir sobre a possível grandiosidade das consequências de um infortúnio negligenciado. Perceba que, se tivéssemos que nos garantir contra todas as adversidades que podem pesar sobre nossa renda e nosso orçamento, teríamos que passar a vida constituindo reservas financeiras milionárias. Diversos fatores podem facilmente trazer desequilíbrio a nossas finanças que, se estiverem equilibradas, terá sido a muito custo.

Apesar de muitos fatores pesarem contra nossa estabilidade, existem diversas medidas a serem adotadas que, juntas, nos ajudam a criar um escudo protetor bastante significativo contra imprevistos. Vamos a elas.

O que reduz seu risco e aumenta a proteção

Para nos proteger da falta de dinheiro, só existem duas possíveis soluções: assegurar uma boa renda ou assegurar um bom patrimônio em investimentos ou bens para revender oportunamente. Alguns mecanismos de proteção muitas vezes já fazem parte de nossas vidas sem que percebamos; outros deverão ser perseguidos por iniciativa pessoal, para serem alcançados. Avalie, dentre as iniciativas a seguir, quais já compõem seu escudo de proteção e quais devem ser trabalhadas.

1. **Iniciativas para assegurar a renda**

   Busque estabilidade profissional. Não é o mercado que está difícil; provavelmente, é seu currículo que está frágil ou sua estratégia de carreira é deficiente. O aprimoramento constante de habilidades técnicas e pessoais é questão de sobrevivência para quem optou por uma carreira dependente de salário. Na hora da promoção ou da decisão entre quem fica e quem será descartado, a capacidade de contribuição do funcionário para os lucros da empresa é fundamental. Assim, invista continuamente em capacitação técnica dentro de sua área de especialização.

   Diversifique sua carteira. Autônomos e profissionais liberais não contam com o privilégio de salários, benefícios e a proteção de um empregador. Se este é o seu caso, atente para não concentrar demais sua carteira de clientes. Caso você preste seus serviços para um ou dois grandes clientes apenas, encontre formas de pulverizar seu trabalho entre mais demandas de trabalho. Isso não só diluirá o risco de perder a renda, como fortalecerá seu poder de barganha perante os grandes clientes.

Seguros profissionais. A diversificação da carteira de clientes só terá efeito para um profissional ativo. Proteja-se, portanto, contra a inatividade. Profissionais liberais e autônomos contam com um tipo de seguro que garante a renda do profissional, por certo prazo, no caso de alguma lesão ou imprevisto o impedir de desempenhar sua atividade. Essa opção é especialmente recomendada para profissionais cujo trabalho se inviabiliza em caso de imobilização de membros ou falta de voz, como dentistas, arquitetos, professores, locutores e afins.

Cuide de sua saúde. O fato de estar coberto por um seguro não significa que você deva contar com ele e negligenciar a prevenção. Guarde esta máxima: seguro bom é aquele que você contrata e não utiliza. Quanto mais propenso à utilização, mais caro sairá seu plano de seguro. Uma vez utilizado, mais caras e com mais objeções serão as contratações futuras. Zele, portanto, por seu instrumento de trabalho, seja ele suas mãos, sua voz, suas costas ou pernas, para não se tornar, na visão do corretor de seguros, parte do chamado grupo de risco.

Múltiplas fontes de renda. Você sabe o que é melhor que um salário elevado? Dezenas de salários reduzidos. Não é piada. Depender de uma única fonte de renda, por melhor que seja, é sinônimo de insegurança constante. Você nunca sabe se terá renda no mês seguinte. Busque, portanto, múltiplas fontes de renda. Mesmo a sugestão de diversificar seus clientes pode ser insuficiente, pois todos dependem de sua capacidade de trabalhar. Vá além, crie formas de obter rendimentos de fontes totalmente diferentes, tanto para você quanto para seu(sua) companheiro(a). Exemplos de múltiplas fontes de renda são: salário de emprego fixo, consultorias eventuais, parcerias com colegas de profissão, publicação de artigos em periódicos, aulas em faculdades, renda de aluguéis, trabalhos temporários, negociações eventuais com lucro, direitos autorais sobre textos ou inventos, sites comerciais, coaching, comissionamento de vendas e serviços a terceiros, como cozinhar para fora, fazer reparos, configurar computadores e desenvolver sites. Cabe a você saber explorar melhor seu tempo.

Crie rendas passivas. Das múltiplas fontes de renda que tenho (são dezenas), as de que mais gosto são aquelas que não dependem de meu esforço para aumentar meu saldo na conta no fim do mês. Dentre elas estão direitos autorais de meus livros publicados (melhor ainda quando o mesmo livro é publicado em vários idiomas), rendimento de aluguéis, comissões por vendas feitas por intermédio de meu site, comissões por indicação de serviço a parceiros, royalties por meu aval em serviços ou publicações de terceiros etc. Dou muito valor a atividades que me consumam alguns dias ou semanas de trabalho, mas que depois passam anos me remunerando. Esse tipo de renda está assegurado não só para mim, mas também para meus herdeiros. Recomendo que você faça o mesmo: pense em formas de fazer seu trabalho se multiplicar no tempo.

Multas contratuais. Se sua renda ou parte dela decorre de contratos firmados, como aluguéis e relações profissionais por prazo determinado, adote o hábito de incluir nos contratos multas por cancelamento destes antes do previsto. Isso é fácil de se conseguir quando você passa a praticar preços um pouco menores do que o usual. Em contratos de aluguel, por exemplo, é hábito propor preços menores para contratos com duração mais extensa, incluindo multa contratual por quebra antecipada de contrato. É melhor ter rendimentos um pouco menores, mas garantidos por mais tempo, do que ter rendimentos elevados e incertos.

Exercite sua capacidade negociadora. Se atividades extras remuneradas são inviáveis em razão de sua agenda de trabalho e estudos, uma saída é encontrar, nos classificados e leilões, oportunidades de negociação com bens de valor (como carros e imóveis), visando auferir lucros. Para negociar, é preciso, antes, criar uma reserva financeira para viabilizar a primeira negociação. Depois disso, sua disciplina em conseguir acumular lucros e comprar bens de valores cada vez maiores para revender é que se encarregará de multiplicar o patrimônio. Com alguma dedicação, os negócios de final de semana podem até vir a se tornar uma carreira rentável para você.

Candidate-se à estabilidade. Já pensou em prestar um concurso público? Quem busca previsibilidade e estabilidade na vida tem nessa alternativa uma boa escolha. O caminho não é segredo para ninguém: qualificar-se adequadamente, preparar-se para provas e superar outros concorrentes, como no vestibular. A recompensa para quem se esforçar mais que os demais concorrentes é independência financeira conquistada desde cedo, com a maior parte da renda assegurada até mesmo na aposentadoria. Não é de se desprezar...

Seguro-desemprego. Não custa lembrar. Todo trabalhador em situação regular de contratação tem direito a aviso prévio e ao seguro-desemprego em caso de demissão não justificada. Muitas vezes por preguiça, outras por falta de informação, há pessoas que ignoram esse direito e consomem seu próprio patrimônio enquanto buscam recolocação. Informe-se sobre seus direitos, tanto no departamento de pessoal de sua empresa quanto na Caixa Econômica Federal.

2. **Iniciativas para assegurar o patrimônio**
Viva um degrau abaixo. É questão de bom senso. Se seu patrimônio estiver no limite de sua capacidade de mantê-lo, qualquer imprevisto financeiro (aliás, qual imprevisto não impacta nosso bolso?) resultará em ameaça ao patrimônio ou na necessidade de recorrer a dívidas emergenciais e de má qualidade. Se, por outro lado, você optar por viver em uma estrutura de vida um pouco mais simples do que a maioria das pessoas escolheria viver, terá sempre sobras orçamentárias para poupar e para gastar com pequenos luxos e itens de conforto, tornando seu risco financeiro bem menor.

Plano B. Este é outro importante exercício a fazer de tempos em tempos, talvez no dia da Faxina nas Contas. Reflita sobre as providências que adotaria hoje se perdesse o emprego ou fosse impedido de desempenhar sua atividade profissional. E se 50% de seu patrimônio fosse tomado pela justiça, desaparecesse em função de uma crise ou deixasse de existir por algum motivo? O que você faria? E se, de repente, você recebesse a notícia de que ganhou um prêmio de R$1 milhão? Vislumbrar as possíveis saídas, utilizando apenas ingredientes de racionalidade, é uma defesa contra o imprevisto. Se você deixar para tomar grandes decisões pressionado pela necessidade, os ingredientes emotivos de sua decisão poderão conduzi-lo por caminhos menos eficientes.

Diversifique sua carteira. É a velha regra de não colocar todos os ovos em uma cesta só. Todo tipo de investimento está sujeito a turbulências em seus respectivos mercados. Concentrar as reservas em uma única alternativa, seja ela imóveis, ações, renda fixa ou mesmo seu pequeno escritório, é uma atitude temerária, por si só. Se uma infeliz coincidência casar um mau momento dos investimentos com um mau momento em sua renda, provavelmente o pânico se instalará em seu lar.

FGTS. As empresas se queixam de pagá-lo, os trabalhadores reclamam da dificuldade de acessá-lo, mas contar com esse recurso disponível rapidamente em caso de demissão ou aposentadoria é um verdadeiro alívio, principalmente para aqueles que negligenciaram um bom planejamento nos bons tempos da carreira.

Bom assessoramento. Na dúvida, sempre pergunte a um especialista. Se não se sentir capaz de compreender um contrato, consulte um advogado. Se a declaração de imposto de renda o aflige, conte com um contador. Se tiver dúvidas quanto a seus direitos junto ao INSS, contate o canal de dúvidas do Ministério da Previdência. A humilde atitude de questionar sempre que tiver dúvidas é aliada de sua riqueza, pois grandes armadilhas se escondem por trás de contratos e leis mal redigidos (às vezes, intencionalmente). As dúvidas mais frequentes são facilmente solucionadas por meio de serviços de busca na internet, que costumam trazer como resultado os websites mais confiáveis e acessados.

Seguro de propriedades. Muitos dos bens que adquirimos com muito sacrifício, às vezes pagos durante anos, estão sujeitos a perderem completamente a utilidade em decorrência de acidentes. Assim como um acidente de trânsito pode arruinar nosso automóvel, oscilações de tensão e curtos-circuitos podem queimar nossos aparelhos domésticos ou até incendiar nossa moradia. Por mais que sejamos zelosos em relação a nossos bens, nunca saberemos se nosso vizinho também o é, por isso, dedicar atenção ao real risco de nossos bens ao contratar um seguro pode nos conduzir a prestações mais caras, porém essa é a consequência de uma boa proteção. Tão importante quanto o seguro de seu automóvel é cobrir-se contra os danos causados a terceiros. Tão importante quanto segurar sua casa, é incluir uma listagem detalhada dos bens de valor nela mantidos, para poder pleitear eventual reposição junto à seguradora.

Seguro de vida. Quem menos tem a perder com sua falta é você mesmo. Uma vez identificada a exposição significativa da família ao risco de não conseguir pagar moradia, educação, alimentação e vestuário, entre outros, cabe equacionar esse desequilíbrio com a contratação de um seguro de vida ou equivalente. Contudo, em mercados em que o hábito de contratar seguros não está totalmente consolidado, como no Brasil, as análises de seguros são precárias e nem sempre cobrem devidamente o risco a que nossa família está exposta. Por isso, preparei uma reflexão sobre os aspectos a considerar antes de contratar esse tipo de proteção.

De quanto você precisa para estar seguro

Se é difícil mensurar o risco, o mesmo não pode ser dito para sua proteção. Sabendo o que você tem a perder, algumas considerações nos conduzem a uma boa aproximação dessa medida.

Nossas contas começam no padrão de vida que você (sua família) possui hoje. A ideia é usar o mesmo raciocínio que as seguradoras usam para precificar o seguro de seu automóvel. O preço que você paga para estar protegido deve refletir não só o valor de seu automóvel, mas, principalmente, a probabilidade de acontecer um problema que obrigue a seguradora a repará-lo ou repô-lo. Para exemplificar o raciocínio, resgatarei o exemplo do Sr. DaSilva, que usei no Capítulo 1:

Qual é a sua idade hoje?	35 anos (A)
Qual é a idade prevista para sua aposentadoria?	60 anos (B)
Qual é o prazo para sua aposentadoria, em anos:	25anos=(B)–(A)
Qual é a sua renda média mensal?	R$6.000 (C)
Qual é o gasto médio mensal de sua família?	R$5.000 (D)
Qual é o valor aproximado total de seus investimentos?	R$100.000 (E)

Partamos do pressuposto de que o padrão de vida de sua família decorre do quanto vocês gastam por mês. Ignore a parcela da renda que é destinada para investimentos, pois essa parcela relaciona-se a suas preocupações futuras e, neste instante, estamos refletindo sobre suas preocupações presentes.

Outro pressuposto importante é que nossa análise começa na ideia de que contamos com a ausência de capacidade produtiva dos membros da família. Quero identificar com quanto, em dinheiro, é preciso contar para que a família sobreviva dos rendimentos desse dinheiro investido. A essa estimativa inicial darei o nome de Proteção Bruta. Nossa estimativa inicial da poupança necessária para dar tranquilidade à família do Sr. DaSilva vem da seguinte fórmula:

$$\text{Proteção Bruta} = \frac{\text{Gasto Médio Mensal da Família}}{\text{Rentabilidade Líquida Mensal de Investimentos Seguros}}$$

O gasto médio mensal da família do Sr. DaSilva é de R$5.000. A rentabilidade líquida de investimentos seguros pode ser tratada como 0,5% ao mês, supondo que essa é a rentabilidade assegurada a investidores que contam com uma assessoria eficiente – como o serviço oferecido por grandes bancos a clientes de elevado patrimônio. Com esses dados, a proteção bruta recomendada à família do Sr. DaSilva é de:

$$\text{Proteção Bruta} = \frac{\text{R\$ 5.000}}{0{,}005} = \text{R\$ 1.000.000}$$

Um milhão de reais é a primeira referência de quanto o Sr. DaSilva precisaria ter em investimentos para dar sustentabilidade a sua condição de renda perpetuamente, obtendo dos rendimentos de seu patrimônio a renda necessária para sustentar os gastos familiares. Mas esse não é o pior cenário. Em caso de possível invalidez de um dos membros da família, a tendência é que os gastos familiares aumentem consideravelmente. Considerando que, para a família DaSilva, esse aumento seja de 50% nos gastos mensais, indo para R$7.500 por mês, a proteção bruta precisaria ser ampliada da seguinte maneira:

$$\text{Proteção Bruta Ampliada} = \frac{\text{Orçamento Ampliado}}{\text{Rent. Líquida Segura}} = \frac{\text{R\$ 7.500}}{0{,}005} = \text{R\$ 1.500.000}$$

Se o Sr. DaSilva é como a maioria das pessoas, a notícia de que, para estar seguro, lhe faltam mais 14 vezes a poupança que ele já acumulou (R$100.000) deve cair como uma bomba. Será que ele só estará seguro ao final de uma vida de muito acúmulo?

Felizmente, não. A partir desse valor, diversos ajustes devem ser considerados para refinar a estimativa inicial e nos trazer a real dimensão da necessidade a ser coberta. Dessa primeira estimativa para uma eventual contratação de prêmio de seguro, você deve abater a proteção que já possui, em dinheiro ou não, em função das escolhas financeiras, de carreira e de estilo de vida que fez até hoje. Dentre elas, estão:

- **O valor de sua saúde.** As companhias seguradoras realizam cálculos atuariais complexos para determinar o verdadeiro risco a que uma pessoa se expõe em função de suas condições de renda, saúde e estabilidade etc. Entretanto, é razoável supor que, quanto mais jovens somos, menor é a probabilidade de morte e maior é a probabilidade de nosso(a) companheiro(a) se reerguer e refazer sua vida. Por isso, para uma estimativa grosseira do efeito de sua juventude em seu risco, podemos supor que o prazo que falta para sua aposentadoria é uma referência de sua intenção física e psicológica de continuar produzindo. Desse modo, tenho o hábito de subtrair um ponto percentual de minha Proteção Bruta Ampliada para cada ano que falta para "vestir o pijama". Se penso em me aposentar daqui a dez anos, subtraio 10% da estimativa inicial para essa proteção.

- **Investimentos.** Subtraia da estimativa de Proteção Bruta Ampliada o valor total de investimentos que você já possui, incluindo o saldo de seu plano de previdência privada ou fundo de pensão, e excluindo os imóveis e bens de uso.
- **Renda de outros membros da família.** Se o orçamento da família é mantido pelo suor de mais de uma pessoa, devemos considerar que, na morte ou invalidez de um dos provedores, o outro manterá seu compromisso com a família. Por isso, devemos desprezar o efeito dessa renda ao considerar a necessidade de cobertura de apenas um dos provedores. Isso é feito ao subtrair esses rendimentos dos gastos mensais familiares ou, então, dividindo-se tal renda pela rentabilidade líquida segura e depois deduzindo, de nossa estimativa inicial, o valor encontrado.
- **Rendas passivas.** Divida a renda que você obtém mensalmente pela rentabilidade líquida mensal segura para obter uma estimativa do valor dessa segurança. Por exemplo, se você aufere ganhos de R$500 mensais de aluguel, ao dividirmos 500 por 0,005 chegamos a R$100.000. Esse é o valor que você precisaria ter aplicado com segurança para obter rendimento semelhante. Se for rendimento de direitos autorais ou outra fonte com tendência a se extinguir ao longo do tempo, corte pela metade essa dedução (no caso, cairia para R$50.000). Então, subtraia o resultado dessa conta de sua estimativa da Proteção Bruta Ampliada.

- **Rendas efêmeras.** Calcule os rendimentos que sua família poderia obter em consequência de sua morte ou aposentadoria forçada. Nessa categoria estão os seguros profissionais, seguro-desemprego, FGTS e valor de venda de equipamentos profissionais, dentre outros. Some o total previsto para esses recebimentos e subtraia de sua estimativa de proteção.
- **Rendas perpétuas.** Se você é servidor público, militar ou possui outra condição de renda que seja não só garantida perpetuamente a você, mas também transferida na forma de pensão a seus dependentes após sua morte, use o mesmo raciocínio das rendas passivas: divida o ganho mensal (não o total, mas apenas o valor assegurado após a aposentadoria) pela rentabilidade líquida segura. Subtraia, então, o valor obtido de sua estimativa para proteção.
- **Seguros de vida.** Caso você já tenha algum seguro contratado, subtraia o valor atual do prêmio de sua estimativa ampliada de proteção bruta familiar.

Seguindo esse raciocínio, você estimaria sua necessidade de proteção da seguinte maneira:

1. Calcule sua Proteção Bruta:

$$\text{Proteção Bruta} = \frac{\text{Gasto Médio Mensal da Família}}{\text{Rentabilidade Líquida Mensal de Investimentos Seguros}}$$

2. Calcule sua Proteção Bruta Ampliada (sugiro multiplicar a Proteção Bruta por 1,5):

$$\text{Proteção Bruta Ampliada} = (\text{Proteção Bruta}) \times (\text{previsão aumento de gastos})$$

3. Ajuste sua Proteção Bruta Ampliada para o número de anos que você planeja continuar produzindo:

$$\text{Proteção Ajustada} = (\text{Proteção Bruta Ampliada}) \times \left(1 - \frac{\text{Prazo para aposentadoria}}{100}\right)$$

4. Subtraia o saldo dos Investimentos, o valor da Renda de outros familiares, o valor de suas Rendas Passivas, suas Rendas Efêmeras, o valor de suas Rendas Perpétuas e o valor dos prêmios de seus Seguros de Vida:

$$\text{Proteção Recomendada} = (\text{Proteção Ajustada}) - \left\{ \begin{array}{l} \text{Investimentos} \\ \text{Renda de outro provedor} \\ \text{Valor de Rendas Passivas} \\ \text{Soma de Rendas Efêmeras} \\ \text{Valor de Rendas Perpétuas} \\ \text{Prêmios de Seguros} \end{array} \right.$$

Para exemplificar, voltarei ao caso do Sr. DaSilva. Já sabemos que a Proteção Bruta Ampliada para sua família é de R$1.500.000, que ele possui investimentos de R$100.000 e que ainda faltam 25 anos para sua aposentadoria.

Consideremos também que:

- Dos R$5.000 de gastos da família, R$1.500 sejam custeados pelo salário da esposa do Sr. DaSilva.
- O Sr. DaSilva é profissional liberal, possui um site educativo e fatura, por meio de seus espaços publicitários, R$300 mensais.
- Por não ser empregado registrado, ele não conta com FGTS e seguro-desemprego, mas contratou um seguro profissional que remunerará sua família com uma renda de R$5.000 mensais por seis meses em caso de interrupção de atividades, morte ou invalidez. O valor total é de R$30.000.
- No final do ano anterior, o Sr. DaSilva começou a pagar um seguro mensal que garante a sua família um prêmio de R$200.000 em caso de morte ou invalidez.

Com essas informações, chegamos ao seguinte cálculo para o Sr. DaSilva:

$$\text{Proteção Ajustada} = (\text{Proteção Bruta Ampliada}) \times \left(1 - \frac{\text{Prazo para aposentadoria}}{100}\right)$$

$$\text{Proteção Ajustada} = (1.500.000) \times \left(1 - \frac{250}{100}\right) = 1.500.000 \times 0{,}75 = \text{R\$ } 1.125.000$$

$$\text{Proteção Recomendada} = (\text{Proteção Ajustada}) - \begin{cases} \text{Investimentos} \\ \text{Renda de outro provedor} \\ \text{Valor de Rendas Passivas} \\ \text{Soma de Rendas Efêmeras} \\ \text{Valor de Rendas Perpétuas} \\ \text{Prêmios de Seguros} \end{cases}$$

$$= (1.125.000) - (100.000) - \left(\frac{1.500}{0{,}005}\right) - \left[\frac{\left(\frac{300}{0{,}005}\right)}{2}\right] - (6 \times 5.000) - 200.000$$

$$\text{Proteção Recomendada} = (1.025.000) - [30.000] - (30.000) - (200.000)$$

$$\text{Proteção Recomendada} = \text{R\$ } 465.000$$

O valor de R$465.000 equivale a uma estimativa para o prêmio de seguro que o Sr. DaSilva deveria contratar para oferecer a sua família a segurança que ele provavelmente deseja. É esse dinheiro que, uma vez recebido, livre de tributos (uma característica dos seguros) e bem aplicado, gerará renda suficiente para complementar a falta do Sr. DaSilva (pelo menos do ponto de vista financeiro). Obviamente, esse é um cálculo inicial e não substitui um estudo individual e técnico feito por um corretor de seguros, a quem o Sr. DaSilva deve recorrer o quanto antes.

Também é óbvio que, ao contratar o seguro aqui sugerido, a família do Sr. DaSilva não conseguirá mais manter o mesmo ritmo de poupança anterior, de cerca de R$1.000 mensais. Contudo, essa redução no ritmo de crescimento do patrimônio deverá vir acompanhada de mais solidez ao que já foi conquistado, aumentando a segurança de todos. Além disso, percebe-se facilmente, pela formulação proposta, que, quanto mais reservas financeiras você tiver, menor deverá ser a proteção adicional contratada. Por isso, a cada ano, procure seu corretor de seguros para fazer uma correção no prêmio contratado. Se suas reservas tiverem aumentado no ano, a revisão será para menor, onerando menos seu orçamento e aumentando novamente a capacidade de poupar.

Considere também que o cálculo feito considerou apenas a proteção para a renda do Sr. DaSilva, e não para a renda total da família. Para que o padrão de vida seja efetivamente protegido, o mesmo cálculo deve ser feito para a Sra. DaSilva, e um plano de seguro de vida deve ser feito para ela também, beneficiando o Sr. DaSilva.

Considerações sobre a contratação de seguros

Quem está pensando em contratar algum tipo de seguro não pode ter dúvidas quanto a sua necessidade. Seguro é uma coisa, investimento é outra. Alguns pensam que seria mais proveitoso fazer uma poupança com o valor que se gasta em seguros. Mas é preciso tomar cuidado com a forma de colocar em prática essa ideia.

Por exemplo, veja o caso do seguro de seu automóvel. Se você poupar por um tempo, em poucos anos terá o valor de um outro automóvel aplicado, não havendo necessidade de segurar o atual. O problema, entretanto, é se você tiver o carro roubado um mês após tomar a decisão de começar a fazer a poupança.

Para não haver arrependimento, é recomendável pensar em abandonar os seguros somente após seguir dois passos importantes: primeiro, contratar um seguro caso você ainda não tenha poupança suficiente para garantir a cobertura do risco de seu bem; segundo, começar a fazer poupança, e seguir investindo ao mesmo tempo em que mantém o pagamento dos seguros, de preferência, reduzindo o valor do prêmio contratado e aumentando o volume de aplicações ao longo do tempo. No dia em que a poupança formada for maior do que o valor da cobertura do seguro, é interessante que você deixe de pagar o seguro e passe a poupar o valor que antes destinava à cobertura do risco.

O mesmo vale para plano de saúde. Para um casal, é importante que ambos tenham seu plano de saúde, pois uma doença repentina em um dos dois pode arrasar um planejamento familiar, ainda mais se vocês têm planos para terem filhos em breve. Porém, se a família é numerosa, com três ou mais filhos, percebe-se que pagar um plano de saúde é grande perda de dinheiro, já que a probabilidade de todos ficarem doentes simultaneamente é praticamente nula. Com o valor atual dos planos, compensa (e muito) ir formando uma aplicação específica para a saúde, usufruindo de bons médicos e cuidando de ter uma vida saudável.

Se essa poupança é feita desde a juventude (fase menos propícia a tratamentos caros), será viável fazer uma fortuna em provisões para tratamentos futuros – a ponto de chegar a um nível em que a renda gerada pelas reservas da saúde possa ser passada para a carteira normal de investimentos da família. É um ponto a se refletir. Lembre-se, porém, de que esse raciocínio só se mostra viável se você realmente tiver disciplina para poupar o valor que gastaria ao contratar um plano.

Feita a reflexão sobre a necessidade, cabe falar também sobre a qualidade daquilo que escolhemos como nossa proteção. No Brasil, é fato, não sabemos contratar seguros. Quem contrata um seguro de automóvel, por exemplo, raramente está interessado na real proteção. A maioria das pessoas procura o menor valor a pagar para garantir o recebimento do valor do carro em caso de roubo. Mas o risco de conduzir um carro não está apenas no roubo. Quem pensa assim ignora que pode causar um acidente após uma noite mal dormida e ter toda sua vida financeira comprometida para prestar contas a terceiros. O ideal seria contratar uma boa cobertura contra danos a terceiros também. No país da renda achatada, poucos pensam assim.

Com o seguro de vida não é diferente. A maioria das contratações é feita para nos livrarmos da impertinência do gerente, que não cansa de nos oferecer o produto em nome da corretora do banco. Má escolha, pois o ideal seria consultar um corretor de seguros isento e explorar ao máximo esse profissional, que detém profundo conhecimento sobre o assunto. Um seguro de vida mal contratado pode não resolver seus problemas em caso de falecimento ou, a pior situação, de invalidez (pior situação apenas do ponto de vista financeiro, que fique bem entendido). É aqui que entra a real função do seguro de vida: garantir seu bem-estar e o de sua família caso aconteça algo que vocês não desejam.

Por isso, a decisão de assegurar-se deveria surgir antes da hipótese de investir. Ao fazer as contas, você verá que assegurar-se de verdade não é barato, mas é uma iniciativa que deve encontrar espaço em seu orçamento, mesmo que seu sentimento seja o de não estar aproveitando esse gasto. Já que seguro bom é aquele que você contrata e não utiliza, o preço pago por ele é o valor de sua segurança e tranquilidade.

Iniciativas para seu projeto pessoal

- Pesquise alternativas de cursos de aprimoramento em sua área profissional, a fim de fortalecer seu currículo.
- Estude alternativas e faça planos para não ter 100% da renda de sua família dependente de uma única fonte.
- Se você é profissional liberal, estude a contratação de um seguro profissional.
- Estude alternativas de obter rendimentos passivos.
- Reveja suas escolhas de consumo permanente, como imóvel para residência, automóvel e moda que veste. Discuta em família se não é o caso de descerem um degrau, para que a jornada escada acima se torne mais leve.
- Discuta, também em família, alguns possíveis Planos B para situações hipotéticas que possam arruinar o poder de compra familiar.
- Diversifique seus investimentos, conforme a orientação do próximo capítulo.
- Verifique seu saldo atual no FGTS e as possibilidades que tem de usar esse recurso.
- Converse com um corretor de seguros isento, preferencialmente sem relação com o banco em que você tem conta, e questione quais seguros poderiam lhe ser úteis.
- Converse com um consultor de previdência privada e solicite uma avaliação do produto mais adequado a sua realidade e necessidade futura.

CAPÍTULO 9

Investimentos: bens necessários

Sendo ou não bem-sucedido na organização dos aspectos de sua vida financeira abordados nos capítulos anteriores, não é preciso se esforçar muito para conseguir poupar. Viabilizar sobras de recursos é uma questão de escolha: se você optar por viver um padrão um pouco mais simples do que sua renda total permite, estará criada a condição necessária para a poupança. Entretanto, poupar não é o mesmo que investir. Quem poupa não necessariamente enriquece.

Investir é multiplicar suas reservas financeiras. Se você poupar com qualidade, reservando seu dinheiro em alternativas financeiras que sejam eficientes em vencer a inflação (mesmo que apenas no longo prazo), você estará investindo. Para conseguir isso, é preciso saber exatamente o que você quer, pois alguma força de vontade é necessária para abrir mão de desejos presentes para colher mais desejos futuros.

Quem reserva seus recursos sem saber exatamente como funciona seu produto financeiro, sem noção de quanto poderá ter dentro de alguns meses ou anos ou sem objetivos claros a alcançar, está seriamente correndo o risco de estar apenas reservando dinheiro para algum impulso de consumo, que deve ocorrer em breve. Está poupando, e não investindo. Mais precisamente, está apenas postergando seu consumo, enquanto o investidor multiplica riquezas para consumir muito mais em algum momento futuro. Sem bons planos, não há boas conquistas.

Por essa razão, saber exatamente o que você está fazendo com suas sobras de dinheiro é um passo fundamental para o enriquecimento. Independentemente da escolha que fizer para seus investimentos,[1] você se sentirá mais seguro se permanecer informado, conhecer as características de risco e rentabilidade, acompanhar de perto seus ganhos, apurar com precisão os tributos a pagar e manter-se em dia com a Receita Federal. É sobre essas qualidades e os caminhos para garanti-las que trata este capítulo.

Você conhece seus investimentos?

O grau de conhecimento que você tem sobre seus investimentos é determinante para colher os resultados que você espera dele. Da Caderneta de Poupança aos derivativos, dos imóveis aos negócios próprios, nenhum investimento está imune a ajustes e contrações de seus mercados. Porém, a ciência e a prática oferecem incontáveis análises e ferramentas para detectar sinais de que seu investimento pode ter deixado para trás a vitalidade de outros tempos, o que sugeriria a venda ou a redistribuição de ativos de sua carteira para obter mais segurança.

Alguns exemplos dessas ferramentas de previsão são: estudos sobre a valorização imobiliária, indicadores de desempenho econômico das empresas (e, portanto, de suas ações), relatórios de rentabilidade de fundos de investimento, estudos setoriais de empresas e franquias, tabelas de preços de mercado de bens, dados sobre o crédito e a inadimplência e estudos macroeconômicos sobre o equilíbrio da inflação, dos juros e da moeda. Sim, para obter desempenho diferenciado em seus investimentos é preciso ter acesso a conhecimentos complexos.

Porém, não é preciso cursar mestrado ou disciplinas não relacionadas a sua carreira para se tornar especialista em seu investimento. Se você se propuser a envolver-se com o mercado em que investe, adquirir publicações especializadas nesse mercado e participar esporadicamente de eventos – todo mercado reúne seus investidores em

---

[1] Não é intenção deste livro recomendar ou sugerir alternativas de investimento. Para entendê-las e estruturar sua própria estratégia de investimentos, leia *Investimentos Inteligentes* (Rio de Janeiro: Thomas Nelson Brasil, 2008), de Gustavo Cerbasi.

eventos ou associações –, com o tempo estará a par de informações preparadas por e para especialistas. O tempo e seu apetite pela informação serão seus professores. Obviamente, cursos específicos acelerarão seu conhecimento, mas esse é o tipo de fonte de conhecimento recomendado para quem já se consolidou em seu mercado e está buscando colher diferenciais de desempenho e segurança para fatias consideráveis de patrimônio.

Por esse motivo, uma das premissas mais importantes para o sucesso de seus investimentos é a seguinte:

Você deve gostar do mercado em que investe!

Não é gostar por simples admiração. Você deve se sentir recompensado (e não confuso) a cada leitura feita, a cada segundo de pesquisa sobre o assunto, a cada palestra assistida e a cada decisão tomada. Se o bláblablá técnico dos especialistas de seu mercado de investimento não é esclarecedor ou soa para você como uma incompreensível linguagem tribal, não siga sugestões de investimento nesse mercado. Você não está preparado para ele. Informe-se e invista naquilo com o qual se sinta seguro.

O investidor está em um patamar adequado de conhecimento quando seu objetivo, ao procurar um especialista no assunto, é esclarecer dúvidas sobre as orientações que já obteve, e não para obter informações básicas sobre um investimento. É atribuída a Warren Buffet, o megainvestidor americano, a frase "não faça o que os outros dizem – ouça-os, mas faça aquilo que você se sente bem ao fazer".

Recomendo os seguintes cuidados ao consultar as fontes sobre alternativas de investimento:

- **Seu gerente de conta bancária.** Leve em consideração que ele tem dezenas de clientes para atender em um dia, precisa ter conhecimento de dezenas de produtos de diversas categorias diferentes e ainda defender os interesses da instituição que o emprega. Por maior que seja sua boa vontade, ele não é o especialista. Também não deve ser visto como um profissional cujos interesses próprios estejam distantes dos seus, pois um dos objetivos do banco é manter seus clientes – e isso se consegue com atendimento eficiente. Porém, evite procurar seu gerente antes de fazer uma vasta pesquisa sobre o tema que lhe suscitou dúvidas, principalmente no portal do próprio banco na Internet. Não é exagero afirmar que mais de 90% do que seu gerente tem a lhe dizer já está escrito e detalhado em algum local de fácil acesso para você. O papel do gerente é guiá-lo na "digestão" de informações e orientações produzidas por especialistas da instituição financeira.

- **Consultor de previdência.** Se você está interessado em contratar um plano de previdência privada e pensa em procurar um especialista no assunto,[2] não espere boas orientações se você não tiver a mínima noção do que quer para sua vida. Por mais que PGBLs e VGBLs possam ser rentáveis e tributariamente vantajosos, essas qualidades só aparecerão se você optar pelo produto mais adequado a sua situação. Por isso, antes de falar com o especialista, verifique se você tem retenção de Imposto de Renda na fonte (o que motivaria a possível contratação de um PGBL) e reflita longamente sobre o que você faria no futuro com o dinheiro acumulado na previdência. O regime de tributação – que deve ser escolhido por você – depende de sua opção entre resgatar tudo de uma vez ou viver de rendimentos do saldo aplicado. Por isso, exercite a imaginação e deixe para contratar um consultor quando você tiver uma boa história para contar sobre o futuro.
- **Corretor de valores mobiliários.** Ao contrário dos bancos, uma corretora de valores não lucra com o tamanho do patrimônio de seus clientes, mas sim com o giro desse patrimônio. Cada compra e venda gera corretagens, enquanto carteiras paradas não rendem nada. Por isso, saiba que a recomendação mais provável que seu corretor pode lhe dar é adotar estratégias ativas de compras e vendas frequentes, o que pode ser um ótimo negócio para investidores experientes ou um desastre para quem não sabe bem o que está fazendo. Assim, antes de

[2] A contratação de planos de previdência é feita por meio de seguradoras, cujo contato pode ser realizado com corretores de seguros ou bancos aos quais as seguradoras estão ligadas. No caso dos bancos, algumas instituições orientam seus clientes por intermédio dos próprios gerentes de conta, enquanto outras preferem destacar corretores em suas agências especialmente para isso.

recorrer a um corretor, tente elaborar sua própria estratégia de investimento, levando em consideração: 1) quantas horas você quer dedicar, por semana, a seu investimento; 2) qual é sua tolerância a riscos; 3) qual é seu limite psicológico para perdas; 4) qual é o percentual de investimentos que você pretende dedicar à carteira de ações. Deixe seu corretor ciente de suas escolhas. Se não souber formular as respostas a esses itens, esqueça a compra direta de títulos e prefira o investimento por meio de fundos.

- **Corretor de imóveis.** Todo corretor é um vendedor, cujo trabalho é valorizar o que ele tem para vender. Como ele lida com compradores e vendedores, é preciso satisfazer com ganhos o vendedor e garantir que o comprador que pagou a mais valorize sua compra. Para que você não se arrependa depois, achando que pagou caro, sua preparação para uma possível compra deve incluir a pesquisa a classificados, estudos de preço do metro quadrado por região, preços de imóveis próximos a sua meta e opiniões de corretores não relacionados com o empreendimento em questão. Ao fazer isso, você também terá seus argumentos para obter vantagens na negociação.
- **Leiloeiro.** Não é em um leilão que você conhece o bem que pretende arrematar. Se a intenção é fazer bons negócios nesse tipo de evento, você deve dedicar algum tempo para conhecer o bem que pretende adquirir. Se não for especialista na área, deve contratar a ajuda de profissionais, como corretores de imóveis, mecânicos e especialistas em arte. Feita a avaliação do bem, normalmente alguns dias antes do evento e no depósito do leiloeiro, estabeleça um teto para a negociação e, como em qualquer compra, adote providências para não quebrar suas próprias regras.
- **Conselhos de amigos e parentes.** Não há dúvida de que este tipo de conselho é bem intencionado. Porém, considere que muitas das opiniões de pessoas próximas podem ser meras interpretações descompromissadas de uma manchete de jornal ou de dicas do tipo "ouvi dizer que tem gente ganhando dinheiro com isso". Sempre que receber uma sugestão de investimento de uma fonte não profissional, tome sua decisão somente após confirmar a sugestão com uma fonte profissional e experiente.

- **Seções especializadas em jornais, revistas ou internet.** As informações que acessamos diariamente são volumosas e amparadas pela universalização democrática das opiniões. Mesmo veículos de comunicação respeitados podem veicular opiniões enviesadas ou não devidamente embasadas, o que pode induzir muitas pessoas ao erro. Particularmente na imprensa especializada em finanças pessoais, observo com frequência, falhas conceituais graves e recomendações descabidas. Para se defender de opiniões tendenciosas ou equivocadas, adote um seguro simples: só tome decisões pautadas em recomendações de, pelo menos, duas fontes diferentes.
- **Especialistas ou analistas de mercado.** Por mais competente que seja o profissional, considere que suas fontes podem não ser. Pelo mesmo motivo citado para as seções especializadas em veículos de comunicação, jamais saia de uma palestra ou videochat compelido a tomar uma decisão radical. Antes, referende sua conclusão com outro especialista.
- **Educador ou professor.** O conhecimento transmitido em sala de aula pode ser profundo, mas costuma pecar pela falta de atualização. Isso é consequência da própria dinâmica de cursos bem estruturados, que, em geral, exigem apostilas preparadas com antecedência, educadores envolvidos em pesquisas (e não com o mercado) e foco nas discussões conceituais, não nas práticas. Por isso, inscrever-se em um curso não é o melhor caminho para decidir sua estratégia de investimento, mas sim para discutir ideias e conceitos e reunir argumentos para questionar os especialistas que atuam no mercado.
- **Consultor financeiro pessoal.** O especialista em orientá-lo sobre suas escolhas de consumo, investimento e equilíbrio certamente é uma fonte, mas a qualidade do serviço prestado exige de você alguma dedicação. Primeiro ponto a considerar: evite aventureiros, prefira consultores certificados, que investiram em sua profissão e precisaram adquirir ampla bagagem de conhecimentos para serem reconhecidos formalmente como capazes. Segundo: o ponto de partida para uma boa orientação é a constatação fiel de sua situação presente. Por isso, antes de recorrer ao especialista, ou mesmo para aproveitar melhor o investimento na contratação do trabalho, faça um

levantamento detalhado de seu orçamento doméstico, de seu patrimônio e de suas dívidas (os capítulos anteriores facilitam isso). O profissional deve ser consultado, e não convidado, a fazer o que é obrigação sua. Se encontrar quem faça isso, sua acomodação pode lhe custar caro.

- **Advogado.** Se você acredita que um advogado não é a melhor fonte a ser consultada sobre sugestões de investimento, só tenho a concordar. Porém, muitos investimentos envolvem relações contratuais complexas, como compra e venda de imóveis, fundos de investimento com derivativos, fundos imobiliários, participações societárias e cotas em empreendimentos diversos. Contratos são feitos para proteger os interesses das partes envolvidas, mas cláusulas contratuais podem esconder armadilhas que podem resultar em grandes perdas para uma das partes em situações específicas. Por isso, se seu investimento é considerável em um ativo regulado por contratos extensos e cuja redação não seja totalmente dominada por você, não se faça de rogado. Contrate um advogado para revisar o texto contratual e apontar os riscos que você está assumindo. Isso envolve custo considerável em honorários, porém é o preço de uma relação segura, independentemente do desempenho de seu investimento.
- **Livros.** Quem escreve um livro deseja multiplicar ideias entre muitas pessoas; contudo, nem sempre as ideias são boas. Por isso, da mesma forma que a tradição pesa na escolha de produtos, instituições e fontes de informações, não deixe de considerar a experiência profissional dos autores antes de validar suas opiniões. Considere as ideias publicadas em livros como sugestões conceituais, que devem ser discutidas com especialistas antes de serem colocadas em prática.

Como você deve ter percebido, definir sua fonte de informação pode ser tão ou até mais importante do que a própria escolha de investimento. Não há investimento bom para quem não sabe em que está investindo. Entre outros problemas, orientações ruins resultam em pagamento de mais tarifas e mais impostos. Por outro lado, mesmo investimentos mais simples tornam-se poderosos quando administrados por uma boa estratégia, que é tudo o que você precisa para alcançar objetivos.

Em meu livro *Investimentos inteligentes* (Thomas Nelson Brasil, 2008), convido os investidores a montarem a própria rede de informações e inteligência, fazendo as seguintes escolhas.

> *A partir do momento que você decidir dar um rumo inteligente a seu dinheiro (...), recomendo que procure ter, pelo menos:*
>
> 1) *uma conta corrente ou conta poupança aberta em um grande banco privado, objetivando a movimentação diária;*
> 2) *uma segunda conta corrente, objetivando manter nela seus investimentos e serviços que exijam bom relacionamento, como cartões de crédito;*
> 3) *um cartão de crédito que lhe traga vantagens;*
> 4) *cadastro feito e documentado em pelo menos duas corretoras de valores, objetivando a compra de ações e de títulos públicos;*
> 5) *contato com um corretor de seguros e previdência experiente e de confiança, ou bem recomendado.*
>
> *Se quiser contar com mais probabilidade de fazer bons negócios, seria prudente ter à mão os contatos previamente pesquisados e selecionados de uma boa administradora de consórcios, um bom advogado, um consultor financeiro e uma boa imobiliária ou corretor de imóveis independente. São serviços fartamente disponíveis e dos quais não é difícil obter indicações de conhecidos. O contato prévio com esses prestadores de serviços pode significar a certeza de um rápido atendimento quando a oportunidade de investimento surgir e não puder esperar.*

Ao desenvolver o hábito de consultar suas diversas fontes a respeito de seus projetos, você não só colherá visões e soluções múltiplas para cada problema, mas também desenvolverá um senso crítico interessante para decisões posteriores. Perceba isso por dois exemplos simples. Se hoje você tomar a decisão de investir em ações, poderá viabilizar sua vontade por meio de seguradoras, com planos de previdência; de bancos, com fundos de ações ou multimercados; ou de corretoras de valores, com carteiras de ações ou clubes de investimento. Não há como afirmar categoricamente qual alternativa é melhor.

Para você, certamente será a que o conduzirá, com mais certeza e eficiência, a seus objetivos. Se a intenção é investir em imóveis, é possível fazê-lo por meio de imobiliárias, visitando-as ou consultando anúncios classificados; de incorporadoras, em lançamentos de obras; de corretoras de valores, adquirindo cotas de fundos imobiliários; de leilões, arrematando bens em condição abaixo do preço de mercado; ou, se você já tiver terrenos, construindo seu próprio investimento com a orientação de empreiteiros e arquitetos.

É muito pessoal a escolha do meio pelo qual você arquitetará sua carteira de investimentos. Para acertar na que é realmente a mais adequada para você, não vejo outro caminho a não ser experimentar as diferentes modalidades e descartar as que não o satisfazem.

Há serviços, porém, que não podem ser descartados, como o uso de conta corrente em banco. Isso não quer dizer que você está fadado a receber maus tratos (como filas, falta de resposta ao telefone e morosidade nas soluções em sua agência) e atendimento negligente para o resto da vida. Se o serviço oferecido por seu gerente ou sua agência não o agrada, sugiro transferir sua conta para uma agência pouco movimentada do mesmo banco – às vezes, o excesso de clientes é o problema – ou pesquisar o que bancos concorrentes oferecem como diferenciais para tê-lo como cliente.

Conhece a ti mesmo

Se conhecer aquilo em que você pretende investir é importante, conhecer bem o que você já tem é fundamental. Seja por questão de resguardar seu patrimônio contra tributações indevidas ou simplesmente para saber exatamente o que declarar ao governo, um bom controle lhe dará a dimensão correta de seus ganhos nos investimentos e o ajudará a fazer projeções para o futuro.

Cada tipo de investimento exige uma rotina diferente de controle pessoal. Normalmente, quanto maior a especialização do investidor, adquirida em centenas de horas de estudos e cursos, maior será seu interesse por modelos complexos de controle, capazes de medir precisamente não só a rentabilidade e os tributos devidos/recolhidos, mas também o grau de risco e indicadores complexos que ajudam a tornar as decisões de compra e venda mais precisas, contando com estatísticas e gráficos de fácil visualização. Se é isso que você procura, o caminho adequado é aprofundar seu conhecimento por meio de cursos e literaturas especializadas em investimentos. Os demais títulos da coleção Expo Money são boa pedida nesse sentido. Eu, por outro lado, sou adepto dos controles mais simples, pois prefiro consumir meu tempo desfrutando minha vida em família ou entre amigos. Acredito que as técnicas e modelos que sugiro a seguir atendem à necessidade de conscientizar o investidor sobre seus ganhos reais e a evolução de seus projetos pessoais.

Quem já possui uma rotina de controle orçamentário não deve encontrar grande dificuldade em organizar o controle de seus investimentos. Um é praticamente consequência ou complemento do outro. Na planilha de orçamento doméstico que forneço para download através do site www.maisdinheiro.com.br, no link Simuladores, já incluo, nas linhas finais, uma estrutura para controle da evolução de seus investimentos. A estrutura tem, basicamente, as seguintes características:

	Mês 1	Mês 2	Mês 3	Mês 4	Mês 5
Fluxo de Caixa Livre para Aplicar					
Aplicações feitas no mês					
Investimento A					
Investimento B					
Investimento C					
Valor total aplicado no mês					

Fluxo de Caixa Líquido					

Saldo dos investimentos					
Investimento A					
Investimento B					
Investimento C					
Saldo total dos investimentos					

Renda dos Investimentos					
Grau de Independência Financeira					

Os campos da estrutura de controle de investimentos apresentada possuem as seguintes funcionalidades:

- **Fluxo de Caixa Livre para aplicar.** Mesmo que Sobra de Caixa Total, é a soma das sobras de caixa do mês atual com eventuais sobras que tenham permanecido do mês anterior.
- **Aplicações feitas no mês.** Nos campos correspondentes a cada investimento (explicados a seguir), lance os valores subtraídos da Sobra de Caixa Total e direcionados para seus investimentos.
- **Investimento A, B, C.** É o nome ou apelido de cada investimento seu, que será também mostrado a seguir, a cada linha dos saldos dos investimentos. Tudo que você entende por investimentos deve estar listado aqui: fundos, poupança, títulos de capitalização, imóveis, aumento de capital no negócio próprio. Para facilitar e simplificar meu controle, também lanço nesses campos a aquisição de bens de grande valor, como automóveis e imóveis. Na planilha que forneço on-line, você pode acrescentar quantas linhas desejar, a fim de ter na lista a relação completa de seus investimentos.
- **Valor total aplicado no mês.** É o somatório, a cada mês, dos valores aportados nas diferentes aplicações.
- **Fluxo de Caixa Líquido.** Resulta da subtração entre o Fluxo de Caixa Livre para Aplicar e o Valor total aplicado no mês.
- **Saldo dos investimentos.** Esses campos não dependem de seu orçamento mensal, mas sim de suas declarações de bens. Nas respectivas linhas deverão estar descritos os saldos ou o valor estimado de cada investimento no final de cada mês. Essa informação é obtida a partir de extratos enviados pelas empresas financeiras ou, no caso de investimentos como imóveis, a partir da soma do saldo do mês anterior com as respectivas aplicações feitas dentro do mês.
- **Saldo total dos investimentos.** É o somatório, a cada mês, dos saldos apurados nos diferentes investimentos, e representa o total de seu Patrimônio. Se você lançou, nos campos apresentados, o valor e/ou as prestações pagas por bens de uso, como automóvel e imóvel, exclua-os dessa soma para que tenha uma percepção precisa do que é patrimônio para sua segurança e o que é patrimônio em uso ou consumo.

- **Renda dos Investimentos.** Corresponde à evolução no saldo total dos investimentos do mês anterior para o atual, subtraindo dessa diferença o valor total aplicado no mês. O resultado nos dá a renda obtida, a partir de seu esforço de investimento, até hoje, resultado de o dinheiro estar trabalhando para você. Com boas escolhas de investimento e disciplina para manter seus aportes mensais, a Renda dos Investimentos será crescente ao longo de sua vida, podendo culminar em sua independência financeira. Você estará 100% financeiramente independente quando a Renda dos Investimentos for igual ou maior do que o orçamento necessário para manter sua vida no padrão desejado.
- **Grau de Independência Financeira.** É um indicador que, ao comparar a Renda dos Investimentos com o total de suas despesas mensais, mostra quanto dessas despesas podem ser pagas sem depender de seu trabalho ou quão financeiramente independente você é. O cálculo é feito em termos percentuais, dividindo-se a Renda dos Investimentos pelas despesas totais do mês (despesas fixas mais despesas eventuais) e depois multiplicando-se por 100, para chegar ao formato percentual.

$$\text{Grau de Independência} = \frac{\textit{Renda Investimento}}{(\textit{Desp. Fixas} + \textit{Desp. Eventuais})} \times 100\%$$

Por exemplo, se suas despesas totais são de R$1.000 e a Renda dos Investimentos é R$100, seu grau de independência financeira é de 10%. Por experiência própria, garanto que acompanhar o indicador que mostra seu Grau de Independência Financeira é uma das formas mais estimulantes de assegurar a disciplina necessária para alcançar a independência financeira. Cada mês de esforço e disciplina significa – de acordo com o indicador – um passo a mais, aumentando o trajeto percorrido até seu sonho. Como o crescimento de nosso patrimônio tende a ter efeito exponencial, quanto mais passa o tempo, mais rápido é o aumento nesse indicador.

A medida descrita não pode ser tomada como precisa, pois desconsidera o efeito da inflação. Se você consumir totalmente os rendimentos de seu patrimônio para sustentar a situação de independência, o valor nominal do patrimônio pode até se manter ao longo do tempo, mas estará encolhendo em termos reais. Com a inflação, seu dinheiro perde o poder de compra.

Para eliminar esse problema, o correto seria apurar apenas o ganho real de seu patrimônio. Não é difícil. Uma vez conhecido o índice de inflação (o IPC-A, por exemplo), basta multiplicar seu patrimônio pelo índice. O valor obtido significa quanto seu patrimônio deveria crescer naquele mês para apenas manter o poder de compra, ou seja, sem obter ganho real. Veja este exemplo:

Patrimônio no início do mês:	R$100.000
Rentabilidade obtida no mês:	0,5%
Patrimônio ao final do mês:	R$100.500
Inflação no mês:	0,2%

Para os números citados, a Renda dos Investimentos é R$500, porém, com a inflação de 0,2%, R$200 dos ganhos de R$500 são apenas correção monetária de seu patrimônio, e não ganho. Por isso, apenas R$300 equivalem realmente aos ganhos obtidos com seu investimento, e podem ser chamados de Renda Líquida dos Investimentos (supondo que não haja imposto de renda).

A técnica de controle aqui descrita é bastante simplista, mas, somada às informações que você recebe em seus extratos de investimentos, é suficiente para que você tenha a real dimensão de seus investimentos e dos resultados gerados por eles.

Alguns cuidados, porém, são recomendados em situações particulares dos investimentos:

- **Fundos.** Para apurar, com precisão, a rentabilidade de fundos de investimentos, de previdência, imobiliários ou similares, recomenda-se manter um controle regular do valor das cotas nesses investimentos. Ao conhecer o valor da cota e a quantidade de cotas compradas a cada aplicação feita, basta consultar o gestor acerca do valor atual da cota, dividir pelo valor original e apurar a real rentabilidade no período. Para realizar esse tipo de controle, sua planilha deve ser similar a essa:

Nome do Fundo	Data Aplicação/ Resgate	Valor Aplicado/ Resgatado	Valor da Cota no Dia da Compra	Quantidade de Cotas	Valor Atual da Cota	Rentabilidade desde a Compra
		A	B	= A/B	C	= (C/B) – 1

- **Carteira de ações.** Quem negocia ações diretamente, por meio de corretoras de valores, deve manter um rígido controle de suas compras e vendas, com o objetivo de apurar corretamente os lucros nas vendas e efetuar o devido recolhimento de tributos por meio de DARF. Ciente do lucro obtido nas vendas de ações durante o mês, o imposto é pago até o final do mês seguinte, sob a alíquota de 15% do lucro.[3] O controle deve ser similar ao sugerido para fundos:

Nome/ Código da Ação	Data da Compra/ Venda	Preço da Ação na Compra	Quantidade Comprada/ Vendida	Valor da Operação	Valor Atual da Ação	Rentabilidade desde a Compra
		A	B	= A x B	C	= (C/A) – 1

Vale destacar que a rentabilidade calculada com base na variação do preço da ação não leva em consideração o recebimento de dividendos, bônus e juros sobre o capital próprio que, no orçamento, são normalmente lançados nos campos Receita.

- **Imóveis.** O investimento em imóveis não conta com negociações em bolsa e cotações diárias, por isso, a preocupação com controles frequentes é desnecessária. Contudo, espera-se que, no momento da venda, haja lucro. Quando há lucro, espera-se que haja formas de minimizar o recolhimento de impostos. Um dos caminhos é apurar o lucro com precisão, guardando documentos de todos os custos que podem ser agregados ao custo de aquisição. Dentre eles, estão a corretagem paga na compra, taxas cartoriais de transmissão e gastos com reformas que caracterizem benfeitorias. Se tais gastos forem considera-

[3] Se o valor total de vendas ocorridas no mês for inferior a R$20 mil, há isenção total de Imposto de Renda sobre o lucro. Mesmo assim, este deve ser informado na Declaração de Ajuste Anual, a fim de justificar o aumento de patrimônio.

dos na hora de apurar lucro, você deve comprová-los com documentos. Por isso, mantenha uma pasta separada para cada imóvel que tem, onde poderá arquivar todos os documentos, contratos, registros e demais comprovantes pertinentes a cada imóvel. Havendo dúvida no momento de apurar o imposto a pagar sobre o ganho da venda, consulte um contador.

Rentável agora ou rentável sempre?

Mudanças acontecem. Conte, portanto, com elas. Por mais que você confie no trabalho dos gestores de seus fundos e esteja satisfeito com o desempenho de seus investimentos, tenha o hábito de revisar o desempenho de seus investimentos de tempos em tempos, ao menos uma vez ao ano. O dia da Faxina nas Contas é uma boa oportunidade.

Um produto bem escolhido há dois anos pode já não ser um bom produto hoje. Você deve analisar o desempenho de sua escolha de investimento comparativamente a outras opções, principalmente as opções similares – por exemplo, comparar seu fundo de renda fixa com outro fundo de renda fixa de seu banco ou de outra instituição do mercado. Ao fazer isso, você pode encontrar alternativas melhores ou, no mínimo, identificar dúvidas que podem ser levadas a seu gerente ou ao especialista que o orienta sobre investimentos.

Quem investe em fundos deve atentar para a taxa de administração cobrada pelo gestor e o desempenho do fundo, preferencialmente em prazos mais longos como 24 ou 36 meses. Os melhores fundos costumam mostrar seus diferenciais após longos intervalos de tempo.

Quem investe em ações deve atentar para a rentabilidade esperada por analistas, a evolução da distribuição de dividendos e as notícias sobre a empresa. Em geral, boas notícias indicam a continuidade de boas tendências.

Quem investe em imóveis deve estar sempre atento aos investimentos feitos na região em que sua propriedade está instalada, consultando o plano diretor do município. A certeza de grandes obras geralmente indica um bom momento de compra. A evolução do preço do metro quadrado nos últimos anos também fornece indícios da perspectiva de valorização. Preços estagnados ou em queda indicam sinais de decadência do bairro. Preços em alta cada vez mais intensa (exponencial) podem indicar que se aproxima um bom momento para venda. De qualquer forma, nada substitui a percepção de um especialista. Tenha o hábito de manter-se informado sobre as regiões de suas propriedades, consultando corretores de imóveis locais.

Nas pesquisas comparativas entre diferentes investimentos, leve em consideração o seguinte:

- Nos fundos de renda fixa, taxas de administração menores invariavelmente significam fundos mais rentáveis.
- Jamais invista em um fundo de renda fixa (prefixado ou pós-fixado, não importa) levando em consideração o desempenho do fundo nos últimos meses. Há pouca variação no desempenho de títulos públicos e, por isso, eventuais sobressaltos no desempenho de algum fundo indicam estratégia acertada no curto prazo, que deve gerar compensações (ajustes para baixo na rentabilidade) também no curto prazo. É melhor analisar o desempenho do fundo por, pelo menos, 12 meses para avaliar sua qualidade.
- Os melhores fundos de renda fixa exigem investimento inicial maior. De tempos em tempos, verifique se você não atingiu um patamar que permita transferir seus recursos para outro fundo mais barato.
- Antes de mudar de um fundo de renda fixa para outro, verifique se, ao aguardar mais algumas semanas para fazê-lo, você obtém uma alíquota de Imposto de Renda menor. Todos os investimentos em renda fixa seguem a seguinte tabela decrescente de Imposto de Renda:

Prazo de aplicação	Alíquota de IR
Até 180 dias	22,5%
Entre 181 e 360 dias	20,0%
Entre 361 e 720 dias	17,5%
A partir de 721 dias	15,0%

- Dentre os vários fundos de ações e de estratégias mistas, evite optar por um deles levando em consideração a taxa de administração cobrada. Analise o desempenho do produto nos últimos 24 ou 36 meses e opte pelo que apresenta estratégia mais consistente. Antes de investir, porém, não deixe de consultar a carteira de títulos em que o fundo investe e, se estranhar algo, pesquise a respeito.

- Entre imóveis de preços iguais, verifique qual tem maior probabilidade de perder valor em função de obras indesejadas próximas. Verifique também qual tende a ser mais beneficiado por possíveis melhorias na infraestrutura da região.
- Na negociação de imóveis, automóveis e outros bens de grande valor, desconfie sempre de uma condição muito boa de negociação. Consulte sempre um especialista (corretor, mecânico etc.) e um advogado.
- Se você segue uma estratégia de investimento, mantenha-se fiel a ela. Se identificar oportunidades que não estavam em seu plano inicial, não mude de investimento imediatamente. Procure, primeiro, mudar sua estratégia e adequá-la à inclusão da nova oportunidade. Caso você não tenha uma estratégia, leia o item seguinte.

Estratégia é tudo

Uma boa estratégia de investimentos não se constrói em quatro ou cinco páginas de livro ou ouvindo dicas de um especialista a cada seis meses. Uma boa estratégia nasce de anos de envolvimento e leitura especializada, às vezes em consequência de um duro aprendizado com nossos erros. Quanto mais tempo e energia você dedicar a seus investimentos, mais rapidamente terá um comportamento maduro, menos propenso a erros, na hora de fazer novos investimentos. Se você não percebeu o detalhe, reitero: com experiência e maturidade, você está menos propenso a erros – o que, em hipótese alguma, significa que em algum momento na vida você deixará de cometer erros.

Se, contudo, o argumento citado o desanima a tomar atitude ativa para seus investimentos, talvez você mude de ideia ao saber que a experiência mostra que algumas práticas simples, se conduzidas com disciplina ao longo de vários anos, têm reduzidas probabilidades de falhar. Em outras palavras, é possível afirmar, com base em diversos estudos acadêmicos,[4] que alguns modelos simples de composição de carteiras de investimento e de diversificação de riscos, acessíveis a qualquer pessoa com conhecimentos limitados, podem proporcionar condições de rentabilidade acima da média ou acima do chamado retorno livre de risco (aquele que é obtido ao investir em bons produtos de renda fixa).

Citarei aqui dois desses modelos. Um deles é a chamada Regra dos 80 e o outro é a chamada diversificação por objetivos.

A Regra dos 80

Segundo a Regra dos 80, você deve subtrair sua idade do número 80. O resultado deveria ser o percentual de sua carteira recomendável para investimentos em renda variável (que inclui todos os investimentos de risco significativo). Por exemplo, se você tem 20 anos, deveria investir 80 menos 20, ou seja, 60% de seu patrimônio em renda variável. Com 40 anos, sua parcela de renda variável deve ser de apenas 40%. Quanto mais envelhecer, menor será a participação de investimentos de risco em sua carteira.

80 – sua idade

=

% de renda variável em sua carteira

Para essa regra se tornar viável, de tempos em tempos (lembra do Dia da Faxina nas Contas?) você precisará estudar sua carteira de investimentos e recalibrá-la, de acordo com sua estratégia. Essa recalibragem, que significa vender o que está em excesso e comprar o que está em falta, recebe o nome de rebalanceamento.

[4] Para consultas bibliográficas, pesquise os temas *risco*, *gestão de risco*, *teoria de carteiras*, *previdência*, *rebalanceamento* e *finanças pessoais*.

Os motivos para justificar a lógica da Regra dos 80 são diversos e nem sempre consensuais nos diversos estudos, a maior parte deles publicada nos Estados Unidos. Alguns autores divergem quanto ao número inicial da regra. Há quem defenda a regra dos 100, outros trabalham com a regra dos 70 e uma maioria pratica 80 como referência. Minha conclusão é a de que esse número representa a expectativa de vida do investidor. Por isso, se sua família tem bons históricos de saúde e se você não pensa em parar de trabalhar tão cedo, não se acanhe em adotar uma regra um pouco mais agressiva, como a dos 85 ou 90.

Também não há consenso entre os argumentos para justificar uma carteira que se torne cada vez mais conservadora. Críticos desse tipo de regra defendem que, com conhecimento e experiência, nossa capacidade de administrar riscos de uma carteira é crescente e, por isso, não há necessidade de eliminar o risco a partir de determinada idade (80, no nosso modelo). Entretanto, minhas conclusões são as seguintes:

- Quanto mais jovens, menos dinheiro temos. Para sair do mundo da rentabilidade desprezível, temos que acelerar nossos planos, o que envolve a assunção de níveis maiores de risco. Se escolhermos mal e perdermos, a juventude nos recompensa com a oportunidade de aprender com o erro e recomeçar. Sinceramente, não gosto muito desse argumento.
- Investimentos de risco geram diferenciais de resultado consistentes apenas no longo prazo. O conceito de longo prazo é vago, mas esse é um bom argumento para adotarmos postura mais arrojada no início do plano e depois forçar uma redução no nível de risco, para evitar perdas significativas.
- Quanto mais velhos, mais dinheiro temos. Quanto mais dinheiro temos, menor tende a ser nossa tolerância ao risco. A razão para isso não tem nada a ver com a fragilidade da saúde, mas sim com o sentimento por trás da perda quando surge uma crise. Um jovem que, diante da queda de 50% na bolsa, perde metade dos R$10 mil que tinha aplicados, fica com o sentimento de ter perdido alguns meses de trabalho. Por outro lado, um chefe de família que perde metade de um patrimônio de R$1 milhão sente algo bem diferente: a perda

de uma ou mais décadas de trabalho. Isso justifica um maior conservadorismo na medida em que atingimos alguns de nossos objetivos de formação de poupança.

Diversificação por objetivos

Outra forma simples de dimensionar o grau de risco a assumir em seus investimentos é identificar seus objetivos e adequar a carteira de acordo com seus planos para alcançá-los. Sua carteira de investimentos deve refletir sua personalidade, ou melhor, defender-se dela. Quanto mais ansioso você for, mais conservadora deve ser a carteira. Quanto mais organizado e disciplinado, maior será sua capacidade de tolerar riscos.

No item anterior, afirmei que o conceito de longo prazo é controverso, mas, dando minha contribuição ao debate, a percepção de longo prazo é bastante clara: longo prazo é o mesmo que prazo suficiente. Você deve ter condições de manter seu investimento por tempo suficiente para que eventuais crises e falhas de estratégia possam ser corrigidas.

Por exemplo, o investimento em ações sempre superará a renda fixa no longo prazo, *desde que*:

- sua carteira de ações seja diversificada a ponto de uma eventual quebra de uma empresa da carteira não afetar significativamente (mais do que 5%) seu patrimônio;
- você possa permanecer com seu investimento durante prazo suficiente para que este se recupere de efeitos de crises e de más notícias pontuais.

Diante das duas considerações, longo prazo pode ser dois meses, dois anos ou duas décadas. Porém, se seus objetivos de uso do dinheiro poupado possuem flexibilidade quanto à data do provável resgate, você pode assumir postura bastante arrojada na hora de investir no plano deles.

O único motivo que vejo para poupar é a certeza de poder consumir mais no futuro. Assim, meu critério de diversificação dos investimentos segue meus planos em relação aos objetivos de consumo. Basicamente, o critério é este:

- Se estou poupando para garantir um consumo que tem data certa para acontecer e essa data ocorrerá em dois anos ou menos, o investimento escolhido é extremamente conservador, como Fundos DI, CDBs pós-fixados ou Caderneta de Poupança;
- Se estou poupando para garantir um consumo que tem data certa para acontecer, e essa data ocorrerá em mais de dois anos, aceito uma leve participação de renda variável (não mais do que 20%) na carteira de investimentos destinada a esse objetivo. Posso dividir meu investimento em títulos públicos e ações ou fundos de renda fixa e de ações ou, então, optar por um único produto com essa estratégia mista, como um fundo balanceado ou multimercado;
- Se poupo para objetivos que não têm data para acontecer, mas sim uma meta financeira ("trocarei de carro quando juntar R$30 mil"), eu tranquilamente direciono 100% dos recursos para renda variável;
- Em especial para a poupança feita para construir sua independência financeira, sugiro que, por mais que você seja jovem e conte com muito prazo pela frente, evite assumir grau de arrojo maior do que o proposto na Regra dos 80, principalmente se você já ultrapassou metade de seu objetivo de poupança. O motivo é simples: se sua expectativa de ganho se frustrar em um projeto de longuíssimo prazo, você não terá segunda chance para se recompor.

Perceba que, por esse modelo, eu "fatio" a carteira de investimentos de acordo com seus planos de uso do dinheiro. Se seu carro está inteiro e você está juntando recursos para uma troca, invista em ações. Se você quer dar uma festa de casamento daqui a um ano, poupe na renda fixa. Para a faculdade de seu filho de 7 anos, faça uma previdência de carteira composta. Para a faculdade de seu filho de 14 anos, migre da previdência composta para um plano 100% conservador.

Isso não quer dizer que você deverá usar um produto de investimento para cada meta a ser alcançada. Seu plano de investimentos pode perfeitamente ser montado com apenas dois fundos ou dois tipos de investimentos, se essa for sua preferência. O único cuidado a adotar é o controle preciso de quanto você direciona de seus fundos para cada objetivo.

Não é tarefa difícil. Digamos que, no início de dado mês, 100% de seus recursos em um fundo de renda fixa sejam para sua independência financeira. O saldo, naquele momento, é R$99 mil. Se, naquele mês, você aportar mais R$400 para sua independência financeira, outros R$400 para o curso que você quer fazer na Espanha e receber R$200 em rendimentos (totalizando R$100 mil), o patrimônio de seu fundo passará a ter a seguinte composição:

R$99.600 – Independência financeira (99,6%)
R$400 – Curso na Espanha (0,4%)

Repare que, no mês em que você faz um aporte, o rendimento não é contabilizado para aquele objetivo. Isso é apenas uma aproximação, para simplificar. Há imperfeição, mas fará pouca diferença em seu projeto de longo prazo. Enquanto você não depositar novos valores, todo o saldo daquele fundo será de 99,6% para sua independência financeira e 0,4% para seu curso na Espanha. O controle depende, portanto, de você criar um pequeno demonstrativo da composição de sua carteira a cada aplicação que for feita.

Iniciativas para seu projeto pessoal

- Identifique fontes de informação e leitura, na área de seus investimentos, por meio das quais você possa se manter informado. Se ainda estiver dando os primeiros passos no mundo dos investimentos, crie o hábito de ler, diariamente, a seção de investimentos de seu jornal e de comprar jornais especializados (como *Gazeta Mercantil* e *Valor Econômico*) ao menos duas vezes por semana.
- No dia da Faxina nas Contas, estude o desempenho de seus investimentos, rebalanceie sua carteira e compare seus investimentos com outros similares, visando encontrar produtos de desempenho superior.
- Agregue, ao orçamento doméstico, os campos de controle de seus investimentos.
- Crie a rotina de consultar o IPC-A uma vez ao mês e filtre, de seus rendimentos, o efeito inflacionário;
- Verifique se sua estratégia de investimentos é compatível com os prazos para realizar seus sonhos.

CAPÍTULO 10

Detalhes que não podem ser esquecidos

As ideias reunidas nos capítulos anteriores são ferramentas de organização financeira testadas, aplicadas em casos de consultoria e consideradas bem-sucedidas por um grande número de pessoas. Isso não quer dizer que todas funcionem para você, nem significa que esgotam todas as possibilidades. Pode ser que a leitura deste livro o tenha estimulado a fazer pesquisas que resultem em ferramentas mais interessantes ou, então, o tenha motivado a desenvolver suas próprias ferramentas. Independentemente do caso, se a leitura o motivou a mudar algo em sua vida, estou certo de que foi para melhor. Essa tem sido minha intenção com a publicação de livros.

Cada uma das ideias aqui trabalhadas objetiva evitar que seus planos sejam um acidente, que você realize sonhos ao acaso ou que deposite na fé toda sua capacidade de realização. Acredite que você é capaz de fazer todas as mudanças necessárias para melhorar sua vida, mas, mais importante do que acreditar, aja nesse sentido.

Durante muitos anos, li com descrença as teorias que dizem que nosso cérebro é capaz de realizações surpreendentes, muitas vezes inacreditáveis. Hoje sei que tais teorias funcionam, mas tenho uma percepção muito menos romântica ou abstrata do que a que vi nas teorias lidas. Percebi, na prática pessoal e na de meus clientes, que um planejamento levado a sério tende a gerar resultados consistentemente melhores do que o planejado. Vi isso acontecer com a quase totalidade de meus clientes. Falha de planejamento? Projeções muito conservadoras? Uma energia sobrenatural em nosso atendimento? Nada disso.

O que percebi foi que todos os projetos de longo prazo são feitos em um dado momento, sob a reflexão de um dado nível de conhecimento. Hoje, vivemos em um mundo em que nosso conhecimento dobra a cada meia década. Com o passar do tempo, se dedicarmos atenção e foco a nossos objetivos, nosso conhecimento crescente nos levará a atalhos. Você poderá encontrar investimentos mais eficientes do que os que escolheu inicialmente ou, então, poderá encontrar formas muito mais econômicas de viabilizar aquela viagem dos sonhos, planejada inicialmente a um preço maior. A reforma da casa velha poderá ser substituída pela entrada na casa nova. O curso no exterior poderá ser adiado, em função da proposta de montar um negócio muito rentável.

Se a vida muda, seus planos devem ter alguma margem para serem também mutáveis. Só não deixe de colocá-los em prática, pois, diante de um novo sonho, é melhor contar com metade da verba de outro sonho abandonado do que começar do zero.

Não acredite, também, que o ato de planejar sua vida é, por si só, suficiente. Alguns pequenos detalhes, muitas vezes ignorados, podem fazer mais diferença na conquista de seus objetivos do que a qualidade de seu crédito ou de seus investimentos. Os detalhes que considero mais relevantes são os seguintes:

- **Não se planeje para a aposentadoria.** Planeje-se para a independência financeira. Vem da filosofia antiga a definição de que, para sermos felizes, precisamos de três condições simultâneas: estar com quem amamos, fazer o que gostamos de fazer e ter sonhos a realizar. A aposentadoria que se traduz em abandonar definitivamente o trabalho elimina, de cara, duas condições: a de fazer o que gostamos e a de ter sonhos a realizar – pois novos sonhos se tornam inviáveis diante da estagnação da renda. Pense em criar condição financeira tal que, a partir dela, você não dependa mais do trabalho para manter sua vida. Nessa condição, você poderá tirar do baú aquela carreira dos sonhos, que foi trocada pela carreira rentável, e, então, desfrutar de maior grau de felicidade e de possibilidades interessantes na vida.

- **Seja honesto.** Até que você crie sua condição de independência financeira, e mesmo após essa conquista, cumpra suas obrigações e faça o que deve ser feito da melhor forma possível. Dignifique o emprego que lhe é oferecido, o lar que você constrói com a pessoa que ama, as lições que você ensina a seu filho. Infelizmente, ainda sou obrigado a reconhecer que, em meu país, a maioria absoluta das pessoas endinheiradas desfruta de condição conquistada à base de sonegação, exploração, mau uso do poder e ilegalidade, o que é uma pena, pois, quando a fraude é desmascarada, o sentimento é de uma vida jogada no lixo.
- **Converse sobre dinheiro.** Multiplique boas ideias sobre enriquecimento. Ao se ver rodeado de amigos e familiares que também compartilham boas ideias sobre o processo de enriquecimento, você terá pessoas de confiança para criticar suas más escolhas e também para lhe sugerir boas ideias que você não tenha tido.
- **Tenha uma vida equilibrada.** Poupar demais é tão perigoso quanto não poupar. Lembre-se de que não há poupança que resista a um orçamento medíocre. Enquanto seu consumo não tiver qualidade para lhe garantir felicidade e qualidade de vida, qualquer poupança que você fizer estará ameaçada por um ataque de compulsão de consumo ou de descrença em relação ao futuro – que ocorre, geralmente, quando nossa vida perde o equilíbrio: fim do relacionamento, problemas no emprego, contas em atraso, morte de pessoas queridas ou mesmo um sentimento de rotina e infelicidade cotidianas.
- **Coloque a família em primeiro lugar.** Esqueça a ideia de que, um dia, seus filhos e seu(sua) companheiro(a) entenderão seu sacrifício. É muito mais provável que, um dia, percebam que não podem mais contar com você. Esse sentimento dificilmente é reversível, pois só nos damos conta disso quando os filhos saem para o mundo ou quando o relacionamento acaba.
- **Doe.** Celebre sua riqueza, compartilhando-a com quem não tem. Como percebo certa resistência de meus leitores, ávidos por enriquecimento, em abrir mão de parte de suas conquistas, decidi discutir esse ponto em um tópico à parte, a seguir.

Caridade: compartilhe com quem tem menos que você

Deixei para abordar a questão da doação no último capítulo deste livro por uma simples razão: não acredito que a caridade faça algum sentido antes de você fazer dos investimentos uma rotina em sua vida. A afirmação que talvez soe egoísta tem fundamento na sustentabilidade.

Imagine que, a partir do momento em que você passa a contribuir com uma doação mensal regular, uma família – não necessariamente a mesma todos os meses – ou uma instituição é beneficiada com sua caridade. Se sua decisão de doar for inconsistente e não fizer parte de um planejamento sério, nos meses em que você entrar em dificuldades financeiras não será só a sua família que estará perdendo. Alguém que passou a ter mais felicidade por contar com sua ajuda também estará pagando o preço de sua desorganização.

Para evitar esse tipo de problema, recomendo que a doação em termos financeiros só seja praticada qua ndo sua família desfrutar de um considerável grau de segurança, tendo constituído, ao menos, reserva equivalente ao Patrimônio Mínimo Recomendado para sua Segurança (12 vezes seus gastos mensais). Uma vez decidido a doar, que você o faça sempre, como um compromisso pessoal, e não de forma aleatória e inconsistente.

Se quiser praticar antes de conquistar esse status, faça-o por meio do emprego de seu tempo, doando carinho, ajuda braçal ou intelectual, emprestando um bem para que alguém consiga obter renda com o uso dele. À medida que suas reservas financeiras aumentarem, pode ser escolha sua passar a contribuir com dinheiro. Minha recomendação é que suas doações sejam calculadas como um percentual da renda de seus investimentos. Assim, a doação estará em equilíbrio com seu orçamento e sua condição econômica. Você contribuirá muito mais com a sociedade se respeitar seus limites hoje e, à medida que for enriquecendo, passar a doar mais.

Além disso, recomendo também que suas doações sejam sempre direcionadas a uma grande instituição filantrópica, jamais diretamente a um necessitado. Por intermédio de instituições, sua contribuição para a sociedade será administrada por profissionais, no âmbito de um serviço que se propõe, normalmente, a resolver os problemas de desamparados, e não a simplesmente amenizar o sofrimento com uma ajuda pontual. Quando um necessitado faminto o procurar, não dê um prato de comida, pois isso gerará uma frágil dependência e também certa sensação de conforto, tendendo a perpetuar a condição da pessoa. Esteja preparado para encaminhá-lo a um albergue que, além de servir a refeição, contará com assistentes sociais para estudar formas de recuperar a cidadania da pessoa.

Obviamente, essa atitude não está imbuída do mesmo sentimento fraternal que temos ao ver o pobre coitado devorando o prato de comida à porta de nossa casa. Mas, se você quer realmente adotar uma atitude transformadora, siga a recomendação de encaminhar a pessoa a uma instituição de amparo profissional. Se quiser dar sua contribuição material, doe cestas básicas mensais a essa instituição. O bem praticado será muito maior.

Checklist anual

Praticar a organização de sua vida é praticar o autoconhecimento. Pessoas mais organizadas inevitavelmente erram menos em suas escolhas. Espero que isso tenha ficado claro ao longo da leitura deste texto.

Ao tratar de autoconhecimento, encerro minhas recomendações sugerindo-lhe uma lista de perguntas que, quando respondidas ou, ao menos tendo motivado uma boa reflexão, ajudarão você a responder a uma pergunta simples: Quem é você? Faça a você mesmo as seguintes perguntas, ao menos a cada dia da Faxina nas Contas:

1. Quantos anos você tem? (acredite: muitos se esquecem de parar para pensar nisso...)
2. Quão seguro você se sente em relação à renda obtida tanto de seu trabalho quanto de seus investimentos?
3. Daqui a quantos anos você espera contar com sua independência financeira, mesmo que parcial, para viabilizar uma significativa mudança em seu estilo de vida?
4. Quantos anos você ainda espera viver?
5. Em seus investimentos, você prefere uma gestão do tipo faça-você-mesmo ou contratar serviços de especialistas e gestores para decidirem por você?
6. Quais são os objetivos de seus investimentos?
7. A partir de quando você espera contar com retiradas de dinheiro de sua carteira de investimentos?

8. Quanta perda você seria capaz de absorver em sua carteira de investimentos, sem abalar sua estabilidade econômica e emocional?
9. Você continuará fazendo aportes adicionais em sua carteira de investimentos?
10. Quão confiante você está em relação a suas projeções de renda e gastos futuros?
11. Se você precisar aumentar a renda para atingir seus objetivos, isso será possível?
12. Quais decisões você tomou para proteger seu patrimônio e seu potencial de renda?

Essas são perguntas para simples reflexão, mas faça-as a você mesmo com alguma frequência, principalmente antes de tomar grandes decisões sobre seu patrimônio e sua carreira.

Não acredite que você começará a colocar em prática todos os conselhos deste livro assim que terminar a leitura. Se tentar fazer isso, terá muito trabalho e desistirá em seguida, pois seu planejamento financeiro atrapalhará bastante sua rotina pessoal e se tornará um empecilho. Lembre-se: mudanças exigem um tempo de adaptação para passarem a fazer parte de sua vida. Comece aos poucos, adotando quatro ou cinco iniciativas. Esforce-se para colocá-las em prática. Com o tempo, elas começarão a fazer parte de sua rotina e não exigirão mais seu esforço pessoal. Esse será o momento de resgatar suas anotações de leitura e adotar novas iniciativas.

Não pare por aqui

Lembre-se também de que o conhecimento é infinito. Recomendo que você consulte as seguintes fontes:

Livros da Coleção Expo Money. A coleção foi criada com o propósito de reunir os maiores especialistas em finanças pessoais do Brasil e traz tanto temas diversos quanto opiniões de diferentes autores sobre um mesmo assunto. Tenho o privilégio de coordenar a coleção e, por isso, todos os textos contam com meu aval. É uma excelente fonte para aprofundar os conhecimentos.

Outros livros do autor. Em minhas obras abordo diferentes temas que se complementam, no intuito de transmitir as orientações que se mostraram eficazes em atendimentos pessoais. Até 2008, os títulos publicados são:

- *Dinheiro: os segredos de quem tem* (Editora Gente, 2003)
- *Casais Inteligentes Enriquecem Juntos* (Editora Gente, 2004)
- *Filhos Inteligentes Enriquecem Sozinhos* (Editora Gente, 2006)
- *Finanças para Empreendedores e Profissionais Não Financeiros* (Editora Saraiva, 2007)
- *Cartas a um Jovem Investidor* (Editora Campus Elsevier, 2008)
- *Investimentos Inteligentes* (Thomas Nelson Brasil, 2008)

Site pessoal do autor: www.maisdinheiro.com.br. Aqui você encontra artigos, dicas, simuladores, sinopses dos livros do autor e da Coleção Expo Money, blog do autor e contatos para trabalhos e entrevistas.

Your Life Finanças. Na página principal do site www.maisdinheiro.com.br você encontra o link para acessar o sistema de e-coach financeiro inspirado nas orientações apresentadas neste livro. Trata-se de uma ferramenta que complementa a leitura, recomendada para quem sabe que há mudanças significativas a fazer na vida financeira, mas precisa de orientação e acompanhamento pontuais e adequados a necessidades específicas. A função do sistema é ajudá-lo a fazer escolhas melhores e conduzi-lo com disciplina na efetivação dessas escolhas. A primeira etapa do serviço trata de um diagnóstico pessoal on-line cujo resultado é um relatório que descreve seus pontos a aperfeiçoar. Basta cadastrar-se para fazer gratuitamente o diagnóstico. Confira!

Que você tenha uma vida muito rica, e também com muito dinheiro!

Iniciativas para seu projeto pessoal

- Se você não adotou nenhuma iniciativa enquanto lia este livro, um bom momento para fazê-lo é agora. Sucesso!

Conheça também os outros livros da Coleção

• Com a crescente sofisticação dos mercados e das empresas, num mundo cada vez mais globalizado e competitivo, a dimensão estratégica dos profissionais de Relações com Investidores aumenta exponencialmente, fazendo deste livro leitura obrigatória aos que pretendem construir empresas sólidas e sustentáveis.

Relações com investidores

ISBN: 978-85-352-3350-6
Páginas: 192

• Este livro proporciona ao leitor uma viagem no tempo e a descoberta das mudanças estruturais do país pela compreensão de conceitos básicos de economia e finanças, contextualizados na realidade da economia brasileira e mundial.

Brasil: 100 comentários

ISBN: 978-85-352-2798-7
Páginas: 264

• Este livro mostra como a Internet pode ajudar você a construir o seu planejamento financeiro pessoal.

SuasFinanças.com

ISBN: 978-85-352-2837-3
Páginas: 258

• Este livro apresenta uma visão clara e objetiva sobre Finanças, em especial sobre Investimentos.

500 perguntas (e respostas) básicas de finanças

ISBN: 978-85-352-2766-6
Páginas: 208

• Este livro apresenta o passo a passo do processo de educar as crianças para lidar com dinheiro de forma ética e responsável, abrangendo quatro grandes áreas: como ensinar a ganhar; poupar; gastar e doar.

Educação financeira

ISBN: 978-85-352-2421-4
Páginas: 160

• Este livro convida o leitor a participar de uma experiência muito especial: um giro pelo mundo das Finanças e da Economia. Com ele você vai aprender a transformar seu salário em uma quantia que possiblite sua independência financeira.

Como esticar seu dinheiro

ISBN: 978-85-352-2767-3
Páginas: 118

• Neste livro, você entenderá, de uma maneira surpreendentemente simples, como as saúdes do bolso e do corpo possuem semelhanças incríveis. E descobrirá como é possível conseguir o equilíbrio entre elas.

Dieta do bolso

ISBN: 978-85-352-2789-5

Páginas: 250

• Neste livro, o leitor poderá acompanhar a história de dois amigos "o Sovina e o Perdulário" que possuem e buscam a ajuda de um professor para melhorar suas finanças pessoais.

O sovina e o perdulário

ISBN: 978-85-352-2765-9

Páginas: 144

• Neste livro, o leitor descobrirá que, em 6 passos de simples execução, é possível organizar sua finança e aprenderá que guardar dinheiro, controlar os gastos e investir pode ser mais simples do que se imagina.

A árvore do dinheiro

ISBN: 978-85-352-2420-7

Páginas: 194

Bastter
Mauricio Hissa
Investindo em Opções
Como aumentar seu capital operando com segurança
coleção Expo Money
Coordenação Gustavo Cerbasi
CAMPUS

Márcia Tolotti
As Armadilhas do Consumo
Acabe com o endividamento
coleção Expo Money
Coordenação Gustavo Cerbasi
CAMPUS

Acreditamos que sua resposta nos ajuda a aperfeiçoar continuamente nosso trabalho para atendê-lo(la) melhor e aos outros leitores.
Por favor, preencha o formulário abaixo e envie pelos correios.
Agradecemos sua colaboração.

Seu Nome: ______________________________

Sexo: ☐ Feminino ☐ Masculino CPF: ______________

Endereço: ______________________________

E-mail: ______________________________

Curso ou Profissão: ______________________________

Ano/Período em que estuda: ______________________________

Livro adquirido e autor: ______________________________

Como ficou conhecendo este livro?

☐ Mala direta
☐ E-mail da Elsevier
☐ Recomendação de amigo
☐ Anúncio (onde?) ______________
☐ Recomendação de seu professor?
☐ Site (qual?) ______________
☐ Resenha jornal ou revista
☐ Evento (qual?) ______________
☐ Outro (qual?) ______________

Onde costuma comprar livros?

☐ Internet (qual site?) ______________________________
☐ Livrarias ☐ Feiras e eventos ☐ Mala direta

☐ Quero receber informações e ofertas especiais sobre livros da Elsevier e Parceiros

ELSEVIER

SAC ELSEVIER | 0800 026 53 40
sac@elsevier.com.br

Cartão Resposta
050120048-7/2003-DR/RJ
Elsevier Editora Ltda
CORREIOS

CARTÃO RESPOSTA

Não é necessário selar

O SELO SERÁ PAGO POR

Elsevier Editora Ltda

20299-999 - Rio de Janeiro - RJ

Qual(is) o(s) conteúdo(s) de seu interesse?

Jurídico - ☐ Livros Profissionais ☐ Livros Universitários ☐ OAB ☐ Teoria Geral e Filosofia do Direito

Educação & Referência - ☐ Comportamento ☐ Desenvolvimento Sustentável ☐ Dicionários e Enciclopédias ☐ Divulgação Científica ☐ Educação Familiar ☐ Finanças Pessoais ☐ Idiomas ☐ Interesse Geral ☐ Motivação ☐ Qualidade de Vida ☐ Sociedade e Política

Negócios - ☐ Administração/Gestão Empresarial ☐ Biografias ☐ Carreira e Liderança Empresariais ☐ E-Business ☐ Estratégia ☐ Light Business ☐ Marketing/Vendas ☐ RH/Gestão de Pessoas ☐ Tecnologia

Concursos - ☐ Administração Pública e Orçamento ☐ Ciências ☐ Contabilidade ☐ Dicas e Técnicas de Estudo ☐ Informática ☐ Jurídico Exatas ☐ Língua Estrangeira ☐ Língua Portuguesa ☐ Outros

Universitário - ☐ Administração ☐ Ciências Políticas ☐ Computação ☐ Comunicação ☐ Economia ☐ Engenharia ☐ Estatística ☐ Finanças ☐ Física ☐ História ☐ Psicologia ☐ Relações Internacionais ☐ Turismo

Áreas da Saúde - ☐ Anestesia ☐ Bioética ☐ Cardiologia ☐ Ciências Básicas ☐ Cirurgia ☐ Cirurgia Plástica ☐ Cirurgia Vascular e Endovascular ☐ Dermatologia ☐ Ecocardiologia ☐ Eletrocardiologia ☐ Emergência ☐ Enfermagem ☐ Fisioterapia ☐ Genética Médica ☐ Ginecologia e Obstetrícia ☐ Imunologia Clínica ☐ Medicina Baseada em Evidências ☐ Neurologia ☐ Odontologia ☐ Oftalmologia ☐ Ortopedia ☐ Pediatria ☐ Radiologia ☐ Terapia Intensiva ☐ Urologia ☐ Veterinária

Outras Áreas - ____________________

Tem algum comentário sobre este livro que deseja compartilhar conosco?

____

* A informação que você está fornecendo será usada apenas pela Elsevier e não será vendida, alugada ou distribuída por terceiros sem permissão preliminar.
* Para obter mais informações sobre nossos catálogos e livros por favor acesse **www.elsevier.com.br** ou ligue para **0800 026 53 40.**